T0269816

ES TIEMPO
DE CRECER

ES TIEMPO DE CRECER

DE CRECER

Descubre el camino para lograrlo

CARLOS VILLACRÉS

WHITAKER
HOUSE
Español

A menos que se indique lo contrario, todas las citas de la Escritura han sido tomadas de la *Santa Biblia, versión Reina-Valera 1960*, RVR, © 1960 por las Sociedades Bíblicas en América Latina; © renovado 1988 por las Sociedades Bíblicas Unidas. Usadas con permiso. Todos los derechos reservados. Las citas de la Escritura marcadas (RVA-2015) han sido tomadas de la versión *Reina Valera Actualizada*, Copyright © 2015 por Editorial Mundo Hispano. Usadas con permiso. Todos los derechos reservados. Las citas de la Escritura marcadas (PDT) han sido tomadas de *La Palabra de Dios para Todos* © 2005, 2008, 2012, 2015 Centro Mundial de Traducción de La Biblia. Usadas con permiso. Todos los derechos reservados. Las citas de la Escritura marcadas (TLA) han sido tomadas de *Traducción en lenguaje actual* Copyright © Sociedades Bíblicas Unidas, 2000. Usadas con permiso. Todos los derechos reservados.
Las cursivas y negritas en el texto son énfasis del autor.

Editado por: Ofelia Pérez

Es tiempo de crecer
Descubre el camino para lograrlo
© 2022 por Carlos Villacrés

ISBN: 978-1-64123-933-2
Ebook ISBN: 978-1-64123-934-9
Impreso en los Estados Unidos de América

Whitaker House
1030 Hunt Valley Circle
New Kensington, PA 15068
www.whitakerhouse.com

Por favor, envíe sugerencias sobre este libro a: comentarios@whitakerhouse.com.

Ninguna parte de esta publicación podrá ser reproducida o transmitida de ninguna forma o por algún medio electrónico o mecánico; incluyendo fotocopia, grabación o por cualquier sistema de almacenamiento y recuperación sin el permiso previo por escrito de la editorial. En caso de tener alguna pregunta, por favor escríbanos a permissionseditor@whitakerhouse.com.

1 2 3 4 5 6 7 8 9 10 11 **UU** 29 28 27 26 25 24 23 22

DEDICATORIA

Quiero dedicar este, mi primer libro, a Dios, a quien le debo todo, y quien ha sido la fuente de lo que hasta hoy hemos vivido, alcanzado y ahora escrito en estas páginas. A ti, mi Jesús, mi amigo fiel, y mi alma lo sabe muy bien, muchas gracias. Esto es por ti y para ti. Deseo que donde llegue este libro, conozcan de tu gran amor y tus grandes propósitos para cada uno de nosotros. ¡Por esto y tanto más, este libro es mi primicia para ti!

Si hay alguien a quien después de Jesús le debo tanto, es a mi esposa, la compañera de mi vida, quien ha estado conmigo en mis mejores amaneceres como en mis noches más difíciles; quien un día aceptó la aventura sin tener nada que ofrecerle, solo una convicción muy fuerte de amarla y cumplir con ella los propósitos de Dios para nuestra vida.

Y aquí estamos hoy, con historias que se pueden escribir, que se traducen a enseñanzas de vida, y que tienen tanto sabor a ti. Sabor a tus consejos; a tus silencios tan llenos de amor; a tu inigualable sentido del humor que ha llenado de alegría las páginas de mi vida; a tu intachable amor por Dios, que a pesar de muchas adversidades nos tiene aquí; así como a tu exquisita sabiduría que ha permitido traernos hasta aquí. Las historias de este autor son tuyas.

¡Te dedico este libro, porque descubrir esta fórmula para crecer ha sido una experiencia que hemos vivido juntos durante todos estos años!

AGRADECIMIENTOS

Debo agradecer a tantos, porque los logros en la vida siempre serán mejor en equipo. Y lo que somos hoy es gracias al amor y a la dedicación de muchas personas alrededor de nuestra vida.

A toda nuestra comunidad de Casa de Fe alrededor del Ecuador, especialmente en mi ciudad natal en Guayaquil: Casa de Fe, gracias por creer y permitirme pastorear por más de 12 años. Gracias por sostener este ministerio con fe y amor. Me han permitido hacer un sueño realidad y ayudar a otros a vivir mejor.

A todo nuestro extraordinario grupo de voluntarios, hombres y mujeres con una entrega ejemplar que han logrado hacer brillar una luz que ha llenado de esperanza a miles de personas durante tantos años. A cada uno de ellos que ponen sus talentos al servicio de los demás, de corazón muchas gracias. ¡El crecimiento es un logro que lleva el apellido de todos ustedes!

Agradezco a Dios, porque en el camino me regaló a hombres extraordinarios; junto a ellos y sus familias hemos logrado grandes hazañas. Con humildad, pero con seguridad, puedo decir que a mí me tocaron los mejores. Gracias a mi equipo pastoral por todo el esfuerzo y la pasión con la que hacen las cosas. Gracias por confiar y tener el compromiso para avanzar, por sostenerme en todo tiempo. A ustedes, a sus esposas e hijos, muchas gracias. Gracias a todo el equipo de colaboradores, nuestro personal, quienes están en todo lo que hacemos.

Gracias a mis pastores, nuestros mentores, quienes han desafiado siempre mi fe y a creer en busca de lo mejor. A ellos les debo el hombre en el que me he convertido. De todo corazón, ¡muchas gracias!

Gracias a mis padres, mis hermanos, mis abuelos; cada uno tiene parte en mi historia. ¡Gracias a la madre de mi esposa, mi suegra, una mujer que me ha ayudado incondicionalmente en todo tiempo!

Estas últimas líneas las dedico a mis hijos. A los hijos del pastor, los que comparten a papá con muchos; quienes han aprendido a esperar, a confiar y a disfrutar la vida y la aventura de servir a los demás. Emilia, Naomi, Alina y Carlos David, este libro es de ustedes y gracias a ustedes. ¡Los amo!

Y gracias a ti, mi querido lector, por hacer de este libro una oportunidad para tu vida. Estoy seguro de que en cada capítulo encontrarás una perla para tu crecimiento, que te ayudará a alcanzar tus propósitos en la vida.

ÍNDICE

PARTE I: CREER

PARTE II: CREAR

PARTE III: CRECER

CREER

Mantén tus sueños vivos.
Comprende que para lograr cualquier cosa se
requiere fe y creer en ti mismo, visión, trabajo duro,
determinación y dedicación. Recuerda que
todo es posible para aquellos que creen.
—Gail Devers (atleta internacional)

INTRODUCCIÓN:
TIEMPO Y OPORTUNIDAD PARA CRECER

Una tarde calurosa en el sur de la Florida estaba sentado con Carla, mi esposa, en la terraza del departamento de un amigo, en uno de esos escasos viajes cuando andamos solos. Decidimos tomar un descanso entre las actividades que teníamos, y mirando desde el piso 27, mi esposa me preguntó: "¿Qué miras al ver este paisaje?".

Teníamos frente a nosotros los edificios del centro de la ciudad de Miami brillando entre sus luces, el reflejo entre ellos, y el sonido de un gran movimiento de personas y carros que eran parte del paisaje. Pensé: *Alguien un día creyó que era posible hacer esto; tener tantos edificios, cada uno con una forma diferente, uno más atractivo que el otro, y convertir un espacio de tierra en un ícono atractivo que todos quieran venir a ver.*

¡Alguien debió creer! Es creyendo cuando todo empieza a crearse y a crecer.

Lo que crece hacia afuera, primero creció adentro. Para que un árbol crezca y lo puedan ver, primero crece en el interior de la tierra, donde nadie lo puede ver. Esos edificios, antes de volverse visibles, pasaron por un proceso debajo de la tierra, donde se cavaron grandes y profundos huecos para instalar cimientos que se convirtieran en la base de cada construcción. Fue necesario construir fundamentos fuertes y estables que sostuvieran el crecimiento de la estructura, piso a piso.

ES CREYENDO CUANDO TODO EMPIEZA A CREARSE Y A CRECER.

La copa de un árbol crece a medida que sus ramas reciban luz para priorizar el crecimiento que empieza con las raíces. Igual ocurre con un edificio: después de los cimientos, va creciendo la estructura y su cima o "copa" es tan fuerte como el "crecimiento" de los pisos.

Tanto relativo a un árbol como a un edificio, lo que sucede que no vemos se llama *creer*.

Luego de ese primer paso de *creer*, el segundo paso es crear algo y que crezca dentro de ti. Debes tener ese sueño, esa visión, ese deseo, esa llama que arda por dentro que solamente es avivada por el regalo de creer. ¿Qué llevas por dentro, que deba crearse y crecer dentro de ti?

Antes de saber lo que haría de mi vida, ya llevaba un fuerte deseo dentro de mí. No sabía cómo lo haría, pero era algo que crecía en mi interior. Mi deseo era enseñarles a las personas a vivir mejor. Con el pasar del tiempo, ese deseo se hizo más fuerte. Crecía porque creía que era posible convertirse en realidad.

Empecé soñando que tendría una fundación donde podía ayudar a otros. Recuerdo que en mis días de adolescencia diseñaba sobre un papel desde el nombre hasta los programas sociales que brindaríamos. Luego pensaba que podría ser a través de la formación de empresas que generaran trabajo. Al terminar mi colegio, me enamoré de la idea de que a través de la iglesia podría cumplir mi sueño mediante mi vocación.

Hoy, 25 años más tarde, te puedo contar que el sueño se cumplió. Hoy mi vida está dedicada a enseñar a las personas a vivir mejor a través de nuestra fundación, con programas sociales que ayudan a cientos de familias a disfrutar una calidad de vida. Brindamos la oportunidad de trabajo mediante la creación de empresas y de la iglesia, que me ha abierto las puertas dentro y fuera de la nación, en la televisión y las redes sociales.

Hemos alcanzado a cientos de miles de personas al desafiar sus vidas a vivir mejor de la mano de Jesús, no como una religión, sino en una relación. Todo esto comenzó dentro de mí; todo comienza por tu fe.

A lo largo de estos años de servicio, emprendimiento y predicación, he caminado de la mano de valores que me han permitido crecer. El primero ha sido la fe. Al hablarte de fe, lo primero que se te puede venir a la mente es algo religioso. Pero quiero aclararte que mi fe no tiene que ver con una religión, sino con una relación, con una verdad: Jesús. Tiene que ver con esperanza, con una oportunidad.

Fe es tener una certeza y mantenerse en una convicción. *Es pues la fe la certeza de lo que se espera, la convicción de lo que no se ve* (Hebreos 11:1) Es creer con certeza y convicción. Para que algo dentro de ti se vuelva una certeza y una convicción, debes estar convencido de que así ocurrirá. No podemos hablar de una fe fuerte si esta no es ejercitada.

En la vida escogemos cuáles serán esos pensamientos que se vuelven un pilar sobre los que construimos y direccionamos nuestra vida. Para mí es esta frase: "Tiempo y ocasión acontecen a todos". Estas fueron palabras del rey Salomón bajo este contexto.

Me volví y vi debajo del sol, que ni es de los ligeros la carrera, ni la guerra de los fuertes, ni aun de los sabios el pan, ni de los prudentes las riquezas, ni de los elocuentes el favor; sino que tiempo y ocasión acontecen a todos.

(Eclesiastés 9:11)

Siempre hemos pensado que la carrera la gana el más rápido, los fuertes triunfan en la guerra, las riquezas con razón las obtienen los prudentes, así como los elocuentes obtienen el favor. Yo sostengo un pensamiento mayor. Hay dos variantes que llegan a la vida de todos: tiempo y ocasión, aunque a mí me gusta más llamar a esta variante de otra manera: oportunidad. Yo no puedo controlar el tiempo, no lo puedo regresar, tampoco adelantar, pero debo entender que el tiempo llegará. De la misma manera a cada uno de nosotros también llega la oportunidad, la cual tampoco podemos controlar.

FE ES TENER UNA CERTEZA Y MANTENERSE EN UNA CONVICCIÓN.

Hay algo más fuerte que nuestros propios talentos. Más allá de tu talento de ser rápido para una carrera, o el ser fuerte, o elocuente, hay algo superior en la vida, y son *el tiempo y la oportunidad*. Podrías llegar a controlar tu talento, pero no el tiempo ni la oportunidad. Estos dos son un regalo de Dios para nuestras vidas y hay que aprender a identificarlos y aprovecharlos.

Cuántas veces nos encontramos con personas de un talento extraordinario, pero pensamos que no le están sacando el provecho y decimos: "Esta persona está para más". Aunque tengamos el talento, si no sabemos identificar el tiempo y la oportunidad, estos podrían pasar sin saberlos aprovechar.

Siempre he crecido con esta realidad: a todos se nos presenta la oportunidad en la vida. Todos tenemos oportunidades. La diferencia no está en la oportunidad, sino en quien la supo aprovechar.

Todos tenemos el tiempo y la oportunidad correctos para crecer. En este libro te quiero llevar a través de una ruta saludable y emocionante. A través de las 4 C's del crecimiento, aprenderemos el camino seguro al crecimiento, y descubriremos el tiempo y la oportunidad correctos para llevar nuestra vida, relaciones, familias y emprendimientos a mayores niveles de crecimiento.

1

CREE, AUNQUE DUELA

La fe es como un músculo; para que crezca, toma tiempo, esfuerzo y dedicación. No podemos ver resultados de la noche a la mañana. El músculo tiene que crecer, y solo crece si lo estiramos y lo trabajamos. Así mismo, a través de las pruebas que lleguen a nuestra vida, nuestra fe se ve expuesta a estirarse, a crecer. El músculo tiene que pasar por un proceso de atrofia, donde se siente que duele y que ya no resistes más.

Seguro que te pasó los primeros días de ir al gimnasio o practicar algún deporte. Esos primeros días son de terror; uno no puede levantar ni los brazos, nos duele hasta el pelo de la cabeza. Lo peor que se puede hacer en ese momento es retirarse; hay que seguir yendo al gimnasio, seguir practicando ese deporte, porque si continúas, lo que un día duele se vuelve fuerte.

Sin embargo, hay momentos más difíciles que otros donde no quieres saber más del ejercicio, sino marcharte y nunca más volver.

Aquellos que me conocen saben que soy de contextura delgada, algo hereditario en mi familia. Para mí subir de peso y ganar masa muscular es todo un gran acontecimiento que muchas veces termina en frustración. Recuerdo que hace algunos años atrás fui al gimnasio acompañado de un buen amigo que es parte de mi equipo de trabajo. Yo soy flaquito y él era un poco gordito.

Esa sensación de estar en el gimnasio rodeados de otros que parece que nacieron ahí y que son hijos de una pesa con una máquina, aquellos cuyas vidas se miden en kilogramos y no en años, es un poco intimidante. Como lo que importa es la buena actitud y el ánimo, y de eso teníamos para regalar, fuimos emocionados a nuestro primer día. Ya estando ahí, mi amigo empezó a dirigirme en los primeros ejercicios. Lo que uno no quiere es tomar la pesa pequeña (no quieres hacer el ridículo), así que agarramos una pesa promedio. Pero al finalizar nuestro primer set, mi amigo agarró la pesa al momento que yo terminé mi rutina, y al llevarla al piso se machucó un dedo de la mano que puso entre la pesa y el piso.

Yo no me percaté, hasta el momento en que se llevó el dedo a la boca. Le pregunté: "¿Estás bien?". Él me respondía con dificultad, con su dedo en la boca: "Sí, todo muy bien". Al mirarlo con atención, me fijé que mientras hablaba, le rodaba por un costado de la boca algo de color rojo. Le dije: "¡Tienes sangre en la boca!". No queríamos que los hijos del

Dios Kilogramo con cuerpos esbeltos miraran nuestro *show* sangriento; pero era inevitable, porque mientras mi amigo corría al baño, fue dejando en el piso rastros de una catástrofe sanguínea. Nuestra pesadilla apenas había empezado, pues encerrados en el baño, vi la punta de su dedo colgando hacia un costado, y dije: "De aquí no saldremos nunca jamás, hasta que todos se vayan".

Recapacité y entendí que debía llevarlo a un hospital. Abrimos la puerta del baño… ¡y sin parar salimos de ahí directo a un hospital! Nunca más volvimos a ese gimnasio. Preferimos perder el dinero de la suscripción que regresar a ese lugar peligroso que atentó contra la vida de mi amigo.

NO SEAMOS TAN RÁPIDOS EN ABANDONAR LO QUE HOY DUELE, LO QUE HOY TE CUESTA MUCHO.

No creas que te cuento esto para que solo te rías y mi amigo y yo quedemos en ridículo frente a los lectores. Este ejemplo es para decirte que hay momentos en la vida cuando todo se sale de control, que parece que todo terminará muy mal; tiempos despiadados donde aparentemente la única solución es huir.

Sin embargo, también te quiero decir que, si nos pasamos la vida huyendo, jamás llegaremos a crecer de una manera segura. Si no te detienes a enfrentar tus problemas o adversidades, ¡vivirás estancado y creerás lo suficiente solo para correr a tu siguiente escondite!

Debemos tratar nuestras heridas. Mi amigo necesitó una cirugía menor, donde cosieron su dedo en su lugar, le quedó una pequeña cicatriz, ¡pero sobrevivió! ¡Hoy usa su dedo sin problemas!

Nadie puede crecer si se salta las adversidades y no las enfrenta, porque para crecer, primero se crece por dentro, y durante ese proceso, nos mantenemos en fe. La fe se prueba en nuestras adversidades. Así que, por favor, no seamos tan rápidos en abandonar lo que hoy duele, lo que hoy te cuesta mucho. Síguete esforzando, porque en la medida que te ejercites, el músculo de la fe se fortalecerá. Pronto brotará, se volverá visible en tu brazo y todos dirán: "Qué fuerte, ¡cómo ha crecido!".

¡Debemos darle valor al poder creer! *Tales dificultades serán una gran prueba de su fe, y se pueden comparar con el fuego que prueba la pureza del oro. Pero su fe es más valiosa que el oro, porque el oro no dura para siempre* (1 Pedro 1:7, PDT). No le huyas a la prueba, porque solo así se desarrolla fe. Debemos saber que hay algo más precioso que el oro, que el recurso, ¡y esto es la capacidad de creer!

CREE, AUNQUE NO TENGAS; CREE, AUNQUE NO VEAS.

2

CREE, AUNQUE TE DIGAN: ¡NADA BUENO SALDRÁ DE TI!

Si me has acompañado hasta aquí en la lectura, te has de estar preguntando: ¿Cómo puedo creer? ¿Cómo puedo tener fe? ¡Y qué bueno que me preguntas eso! La respuesta es sencilla, pero poderosa: *Así que la fe es por el oír, y el oír, por la palabra de Dios* (Romanos 10:17).

Primero debemos recordar que lo que oímos va a producir un efecto en nosotros. Esto puede ser para bien o para mal. Dependerá de qué oímos y cómo lo recibimos. Si solo estamos escuchando lo negativo, lo equivocado, lo débil, lo inestable, lo complicado, ¡se nos volverá muy difícil creer!

Cuando era un adolescente, tuve que aprender esta lección. Yo era parte del equipo de voluntarios en mi iglesia, en el grupo de los adolescentes. Servía en todo lo que podía y llegué a ser el presidente de la directiva. Mi liderazgo se volvía visible y resaltaba en medio de todo lo que hacíamos. Mi pasión era manejar los proyectos desde el diseño de su estructura en un papel, hasta coordinarlos y ejecutarlos, y provocar que todo saliera lo mejor posible.

UN SIMPLE COMENTARIO ESCUCHADO SE PUEDE CONVERTIR EN UNA CREENCIA.

Pero en cierta ocasión nuestro líder hizo un comentario que llegó a mis oídos. A la larga, llegué a entender que el problema no fue tanto el comentario, como el hecho de que, al escucharlo, lo creí. Mi líder dijo: "Nunca nada bueno saldrá de Carlos". Este comentario fue hecho en el contexto de que yo no venía de una familia de pastores o líderes cristianos de muchos años. Hoy entiendo que es un comentario sin sentido ni razón, pero en aquel momento no me lo pareció así.

Presté mis oídos a esto sabiendo de quién venía y lo acepté, es decir, lo creí. Y empecé a caminar así. Un simple comentario escuchado se puede convertir en una creencia. Cuántas cosas hay en nuestras vidas que se volvieron una creencia, pero solo fueron comentarios sin sentido ni razón. ¡Mucho cuidado con esto, porque podría destruir tu interior!

Aunque el comentario era erróneo, se volvió una creencia. Caminé por algún tiempo creyendo que nada bueno saldría de mí. Esto empezó a frenar mi avance, a bloquearme cuando me tocaba estar frente a otros, a dudar de mi capacidad de liderar.

Con el pasar de los años y los comentarios a mi alrededor, te quiero dejar esta lección aprendida: no somos basurero de nadie. No vamos a poder frenar que las personas hablen, pero podemos decidir no ser basurero de las palabras de nadie más. El problema no está en quién hable o lo que se hable, sino en quien acepte convertir la basura de otros en una creencia dentro de sí mismo.

¡Cuántas personas caminan en la vida cargando dentro de ellos palabras (basura) que alguien más les lanzó! Palabras despectivas, burlas, mentiras, necedades, palabras negativas que nos pretenden marcar por dentro, y que se vuelven nuestro peor tormento para vivir. Aparecen cada vez, matando nuestros ánimos de surgir y crecer en la vida. Por tanto, a la basura de otros diga: ¡No, gracias!

NO SOMOS BASURERO DE NADIE.

OYE LA PALABRA DE DIOS; NO LA BASURA QUE DIGAN DE TI

He aprendido a desechar aquellas creencias que un día oí, gracias a que entendí la segunda parte del versículo que me enseña a hacer crecer mi fe: *"(...) oir por la palabra de Dios"*. (Romanos 10:17). Estas son las mejores palabras que un ser humano podría escuchar. Con estas palabras se creó el universo, con estas palabras fuimos nosotros creados y somos amados. Son las palabras más seguras para volverlas creencias fuertes y generacionales en nuestras vidas y familia. Mira estos textos:

> *El cielo y la tierra pasarán, pero mis palabras no pasarán.* (Mateo 24:35)

> *Sécase la hierba, marchítase la flor; mas la palabra del Dios nuestro permanece para siempre.* (Isaías 40:8)

> *Lámpara **es a mis pies tu palabra**, Y lumbrera a mi camino.* (Salmos 119:105)

Estos versos nos revelan la veracidad y seguridad que hay en las palabras de Dios. ¡Cuánto se ha dicho a lo largo de la historia de la humanidad, y esas palabras convertidas en teorías, filosofía o creencias han desaparecido en el tiempo! Pero las palabras contenidas en la Biblia, sin importar los siglos, ni las temporadas, ¡se mantienen hasta nuestros días! ¡Esto no es de religiosos, sino de inteligentes! Te invito a poner oído con mucha atención a las palabras que traen vida, las palabras de Dios, y te aseguro una fe creciente que traerá resultados en tu mundo exterior.

Es buen momento para decirte que tu pasado no determina tu futuro. Aunque es cierto que cada decisión que tomamos trae un efecto en nuestras vidas, es equivocado pensar que, por unas cuantas decisiones del pasado, ya todo está sentenciado.

El futuro no se construye del pasado, sino de las acciones del presente. No es mi intención llevarte a recordar cada loca idea de alguien más, cada basura que un día soltaron sobre ti para dejarte sepultado en tu pasado. Más bien, quiero que despiertes a un nuevo tiempo y empieces a saborear la primera etapa de un crecimiento exitoso: ¡creer!

EL FUTURO NO SE CONSTRUYE DEL PASADO, SINO DE LAS ACCIONES DEL PRESENTE.

Si por un momento miro mi pasado, me doy cuenta de que no tiene nada que ver con mi presente ni tampoco con mi futuro. Agradezco por mi pasado porque fue formador, desarrolló un músculo llamado fe que me ha sostenido y me ha permitido crecer. Pero en mi pasado, seres queridos y aun familiares habían dejado en mí palabras tales como: "Nada bueno saldrá de ti", "Serás la vergüenza de la familia al convertirte en pastor", "Todos tendremos que ayudarte para subsistir", "Todos tendrán lastima del pobre pastorcito".

Hoy ellos mismos miran mi presente y piensan ahora muy diferente sobre mi futuro. Junto a mi familia, somos queridos y reconocidos por inspirar a muchos a crecer, pero crecer primeramente con una fe sólida en las mejores palabras que podemos recibir, las palabras de Jesús. Hoy no damos pena, inspiramos vida y familia; hoy no subsistimos, ayudamos a otros a subsistir. ¡Nuestro pasado ni sus palabras pudieron contra nuestro futuro, porque tomamos acciones pertinentes en nuestro presente!

ES TIEMPO DE CREER, CREER EN TI, CREER EN TUS CAPACIDADES, CREER EN TU PRESENTE PARA CREAR UN BUEN FUTURO. ¡ES TIEMPO DE CREER EN DIOS!

3

LA FE SE EVIDENCIA POR LO QUE HABLAMOS

Estábamos listos para regresar a casa después de una semana intensa de emociones. Habíamos firmado el contrato con la editorial para escribir este libro, terminábamos la reunión con el primer grupo en casa de nuestra iglesia en la Florida, y me encontraba con Carla sentados en un avión por despegar rumbo a casa. Después de tres horas de estar dentro del avión sin aire acondicionado, sin poder despegar por un problema técnico, nos tuvimos que quedar una noche más en la Florida.

En aquellas horas de encierro, Carla me hizo una pregunta, de esas que salen en conversaciones tratando de llenar espacios y momentos incómodos como los que estábamos viviendo: "Si pudieras escoger un lugar donde tú quieras ir, donde sea, ¿cuál escogerías?". Le respondí: "Ahorita me quiero ir a casa; pero si pudiera escoger en los próximos días, ¡quisiera estar en una isla en el Caribe frente al mar, escribiendo mi libro!".

Regresamos a Ecuador al día siguiente. Cinco días después, luego de una semana intensa de trabajo, recibí una llamada a las 21 horas, en la que un amigo y su esposa me dijeron: "¡Pastor, nos ganamos un premio y queremos que ustedes sean parte de él! ¡Los queremos invitar para irnos mañana por la mañana a una isla en el Caribe, tenemos todo incluido!".

Enseguida lo hablé con Carla e hicimos los arreglos, y contando con el apoyo de nuestros hijos, nos embarcamos temprano por la mañana con destino a Punta Cana. Debo recalcar que este destino estaba en mi lista de deseos, y se estaba volviendo realidad. Una vez en el hotel, me dirigí hasta la playa y pisé la arena, y entonces escuché en mi interior una clara voz del cielo que me decía: "¿No dijiste que querías estar en una isla frente al mar?". Dije yo: "¿Cuándo, Señor?". Vino enseguida esa retrospección estando con Carla encerrados en aquel avión, haciéndome la pregunta y yo respondiéndole.

Te quiero recordar que tenemos un Dios que está atento a lo que hablamos, lo que pedimos con fe, ¡y más aún cuando lo creemos! Hoy estoy escribiendo mis primeras páginas de este libro frente a uno de los paisajes más bellos que jamás había visto hasta entonces, bajo una sombrilla de paja caribeña, con arena blanca a mi alrededor, con un sombrero de paja toquilla, tomando un jugo refrescante de maracuyá y frente a un mar casi cristalino que me canta con el sonido de sus olas.

Es en este lugar donde estoy escribiendo las primeras páginas de mi libro y pensando en que, cuando leas estas líneas, se despierte en ti la habilidad que Dios nos ha dado a todos de soñar, creer y provocar que por nuestra fe sucedan cosas grandes, y sé que mayores cosas sucederán en tu vida.

Nuestra fe se evidencia por nuestras palabras. Dice la Biblia: *Creí, por tanto, hablé...* (Salmos 116:10) ¡Con ese mismo espíritu de fe también nosotros creemos y por eso hablamos!

Muchas veces vivimos por el dicho: "Hablamos porque tenemos boca". Pero realmente esto va más allá. Nuestro hablar refleja nuestro interior: un paisaje lleno de incredulidad, subidos en un avión llenos de calor, pensando solo en regresar a casa; o refleja un paisaje con esperanza y oportunidades, un paisaje con fe; ¡jugando como niños en aquel lugar donde podrías estar!

Escúchate por un momento. Te animo a examinar nuestra forma de hablar y darnos hoy la oportunidad de volver a creer. Es el tiempo de generar ese día soleado, de arena blanca frente al mar, que empiece primero en tu interior y le permitas al don de creer despertar en ti otra vez. Un día soleado para tu matrimonio, para tu familia o en tus negocios. Mientras escribo estas líneas, el día se nubla por momentos y pareciera que todo pierde su color, y no es sino hasta después de unos segundos que todo vuelve a cobrar vida con el fuerte resplandor del sol.

La fe es como los rayos del sol; resalta los colores de tu vida alrededor. Tu arena, tu mar, tu vida, todo se alumbra de manera diferente ante los rayos de la fe. Que hoy vuelva a salir el sol sobre tu vida y que la evidencia sean tus palabras con las que pintas todo a tu alrededor.

Te animo a decir estas líneas con ese mismo espíritu de fe con el que son escritas:

¡SEA TU FE HOY! ¡Y COMO CREES, ENTONCES HABLA!

4

LA FE SE EVIDENCIA POR LO QUE HACEMOS

A la mañana siguiente me desperté muy animado por sentarme a escribir. Llegamos a una buena hora latina a la playa con todas las ganas y la facha de escritor, acompañado de mi sombrero y unas gafas ovaladas que me daban un aspecto intelectual, pero para mi sorpresa no había una sola sombrilla disponible. Le dije a Carla: "Espérate, yo buscaré una. Le di vueltas a todas las sombrillas tratando de encontrar una libre o una que se desocuparía pronto (según yo). Regresé hasta donde estaba Carla y le dije: "No hay nada, pero volveré a buscar".

Así lo hice, pero por dentro iba diciéndole a Dios: "Me trajiste aquí para escribir, necesito una sombrilla". Yo pensaba que para que esto sucediera, alguien se debería quedar sin sombrilla, y yo no creía que apareciera alguien así. A lo lejos veo una pareja que estaba reclamando a un representante del hotel por una sombrilla. Decidí acercarme pronto, no fuera a ser que les consiguieran a esta pareja de alemanes la sombrilla antes que a mí.

Yo había llegado primero y tenía la urgencia de escribir un libro, ¡no iba a echarme para hacer nada, como la mayoría de los que estaban en la playa! De camino hacia ellos, se me acercó de la nada un americano y me dijo: *"Sígueme, tengo algo para ti"*. Estaba en la encrucijada entre ir a reclamar a un representante del hotel (a la forma natural) que me diera mi sombrilla antes que a los alemanes, o ir con un extraño que me invitaba a seguirlo.

Decidí arriesgarme y seguir al americano, y para mi gran sorpresa me llevó hasta una sombrilla que él había separado para un familiar que no llegaría. Me dijo: *"Esta la separé para ti"*. En medio de la nada, los alemanes seguían reclamando su sombrilla al representante y yo estaba frente a la mejor sombrilla que podía tener. Era la sombrilla perfecta para escribir un libro. Tenía vista directa al mar, no en el medio de todos los ociosos que llegaron a la playa ese día, sino a un costado, algo separada, lo que me permitía tener mayor concentración para escribir.

"SÍGUEME"

Las palabras del americano retumbaron en mi ser. Primero me dijo: "Sígueme". Dime a quién estás siguiendo y te diré para dónde vas. Yo tenía dos caminos: ir a lo que parecía seguro ante mis ojos, reclamando al representante tal cual lo hacían los alemanes e intentar conseguir con mis fuerzas lo que humanamente era imposible (mi sombrilla);

o seguir a quien no conocía, sin saber adónde me llevaría, pero había algo dentro de mí que me impulsaba a seguirlo y tomar el riesgo. Esto es caminar por fe, donde no conocemos ni las personas, ni el camino; todo será desconocido. Pero es ahí donde tu fe, que significa confianza, te permitirá alcanzar lo que humanamente es inalcanzable.

DIME A QUIÉN ESTÁS SIGUIENDO Y TE DIRÉ PARA DÓNDE VAS.

¿Qué es lo inalcanzable para ti hoy? A lo mejor podría ser recuperar tu matrimonio, mejorar la relación con tus hijos, superar el dolor, una traición, o levantarte de un fracaso. Es aquí donde te quiero presentar a alguien que sale en medio de tu camino y dice: "¡Sígueme!". Jesús es el camino, la verdad y la vida. ¡Él tiene caminos que tú y yo no conocemos, pero que son para darte la sombrilla que tú necesitas!

"TENGO ALGO PARA TI"

Cuando empecé a seguir al americano, me dijo lo segundo: "Tengo algo para ti". Entendí que Dios tenía cuidado de mí; que Él conoce mis necesidades y que su corazón es estar dispuesto a proveernos. Sé que este ejemplo es algo sencillo en la vida, pero te lo cuento para que sepas que, si Dios puede estar pendiente para darnos una sombrilla, cuánto más lo estará para cubrir tus necesidades más indispensables.

Es como cuando pensamos en el primer milagro de Jesús. Por petición de su madre, convirtió el agua en vino. Esto lo hizo cuando los invitados ya habían consumido todo el vino de la fiesta. Y podrían pensar, ¿para qué más vino? ¡Si Jesús puede cubrir necesidades superfluas como el vino, al igual que estar pendiente de una sombrilla, ¡cómo no proveerá para nuestras necesidades más relevantes! ¡Pero te toca dar el paso de creer! ¡Él tiene algo para ti!

¿Qué hubiese pasado si me hubiera rendido a la primera, si no hubiera seguido intentando con mis acciones, buscando y no me hubiera encontrado con ese ángel vestido como americano? Seguro que el americano me vio dando varias vueltas, entonces se apiadó de mí y me dio de lo que era suyo.

Jesús es atraído por un corazón lleno de fe. Otra de las formas como se manifiesta nuestro creer es por medio de las acciones.

*Porque como el cuerpo **sin** espíritu está muerto, así también **la fe sin obras** está muerta.* (Santiago 2:26)

Conforme a vuestra fe, os sea hecho. (Mateo 9:29)

HAY UNA SOMBRILLA PARA TODOS

Hay una sombrilla para ti, para protegerte, cubrirte y apoyarte. Es un espacio donde puedes estar cómodo y seguro. Esa sombrilla fue mi especial aliado para que, en pleno día de mucho sol, yo pudiera cumplir con mi tarea de escribir. Hay una sombrilla que Dios ha separado para cada uno de nosotros, y servirá para ayudarte a cumplir cada uno de tus propósitos. *El que habita al abrigo del Altísimo morará bajo la sombra del Omnipotente* (Salmos 91:1).

Esa sombrilla diseñada para ti es la sombra del amor y la presencia de Dios, que desea acompañarte en todo momento y circunstancia de tu vida. Para acceder a esta sombrilla, lo único que necesitamos es tener un corazón con fe. Un corazón que vuelva a creer. Y en lo primero que hoy debes creer es en tener esa oportunidad para tu vida: que a través de una sincera y real relación con Jesús, Él se vuelva tu sombrilla y tengas en tu corazón un noble lugar para alojar el ingrediente que te hará triunfar: la fe.

> *Les aseguro que, si tienen confianza y no dudan del poder de Dios, todo lo que pidan en sus oraciones sucederá. Si le dijeran a esta montaña: "Quítate de aquí y échate en el mar", así sucedería. Sólo deben* **creer** *que ya está hecho lo que han pedido.*
> —Marcos 11:23-24 (TLA)

Parte II

CREAR

"Cuando el hombre cesa de crear, deja de existir".
—Lord Byron

5

EXCELENCIA

Cuando logras creer en tu interior, estás listo para crear en tu exterior. Una vez la raíz se agarra a la tierra por dentro, está lista para brotar hacia fuera. Una vez se construyen los cimientos en una construcción, estamos listos para levantar el edificio. Lo que te quiero decir es que, si ya lo llevas por dentro, si ya está entretejido en tu interior, si ya arde en tu corazón, estás listo para avanzar y crear en tu exterior.

Crear significa dar realidad a una cosa. Crear es una característica que define al ser humano sin importar su edad, su género, ni otra condición, ya que las personas siempre están imaginando cosas que luego serán plasmadas como ideas que pueden volverse una realidad. Por eso crear es la primera acción después de creer. Si lograste imaginarlo, si hoy lo puedes creer, estás listo para traer a la realidad algo que ahora te toca crear. Y el proceso de crear incluye construir, que es dar estructura física a tu creación.

Si vamos a hablar de crear, por un momento hablemos de lo que Dios creó. De toda la creación, el ser humano tiene

una posición privilegiada; fuimos creados a imagen y seme-
janza de Dios. De todo lo que Dios creó, la tierra, las plan-
tas, los animales, las estaciones, de todo lo hermoso de la
creación, lo mejor es el ser humano. Somos la obra maestra
de Dios. Nada ni nadie más en la creación tiene esta virtud.
El ser humano tiene la capacidad de estar por encima de
todo lo creado; puede volverse señor sobre la tierra.

**SI LOGRASTE IMAGINARLO, SI HOY LO PUEDES CREER,
ESTÁS LISTO PARA TRAER A LA REALIDAD ALGO QUE
AHORA TE TOCA CREAR.**

La historia ha demostrado cómo ese señorío puede
beneficiar a la humanidad. El hombre ha podido crear y descubrir tanto que durante los siglos ha traído relevantes avances para el desarrollo en este mundo. Sabemos que Dios es
el creador de todo, pero necesita al hombre para inspirarlo
y crear a través de él aquí en la Tierra, lo cual convierte al
hombre en cocreador con Dios. Puede cocrear vida y multiplicarse, y desarrollar su bienestar en lo que llamamos sociedad. Así encontramos avances significativos en la ciencia, la
tecnología, la medicina y otros campos de estudio donde el
hombre ha creado importantes aportaciones. Con todo esto
quiero refrescar esta virtud que hay en ti: ¡tú puedes crear!

Durante un tiempo en mi niñez vivimos en casa de mi bisabuela por parte de mamá, a la que llamábamos de cariño "la Meme", una mujer hermosa llena de sabiduría y alegría. Ella me ayudó a descubrir mi don para ayudar a otros, y me puso un sobrenombre que me ayudó a entender mi asignación, mi vocación de servicio: "Corazón de oro".

Empecé a servir dentro de la iglesia desde muy chico. Recuerdo que a mis doce años yo tenía un cargo oficial dentro de las reuniones dominicales: operaba el retroproyector. Este servía para proyectar las letras de las canciones sobre una pared y las personas podían cantar leyendo las letras que desde ahí se proyectaban. ¡Estas eran nuestras pantallas "LED" de la época!

Yo desempeñaba uno de esos puestos que casi nadie quería hacer. Para la mayoría era una tarea cansona, tediosa y sin popularidad. A diferencia de interpretar un instrumento, o cantar en el escenario, definitivamente no era de los puestos que todos querían tener.

Esto fue lo que me ofrecieron, así que lo tomé. Yo estaba esperando la oportunidad para servir, y recuerdo que con mucha emoción iba los domingos a servir ahí en el retroproyector.

Era el primero en despertar en mi casa el domingo, arreglarme e insistir en que me llevaran a la iglesia. Aunque el puesto no lo requería, yo era de los primeros en llegar a la iglesia. Me tomaba el tiempo de volver a revisar que las láminas estuvieran listas e incluso repasaba otra vez el orden en que las tendría que poner.

Recuerdo que mi mejor vestimenta estaba reservada para el día que me tocaba servir. Me ponía pantalón largo, camisa de vestir y zapatos de suela. Quien me veía entrar así a la iglesia pensaría que yo iba a predicar ese domingo, pero no, yo iba al retroproyector. El jovencito más elegante de la reunión era yo, y me mantenía de pie frente al retroproyector pasando las láminas de las letras de las canciones con mucha concentración, durante el tiempo de los cánticos.

Quienes habían servido antes en ese puesto, solo ponían la lámina y la sacaban, y ponían otra al empezar una nueva canción. En cambio, yo iba subiendo despacio la misma lámina para que la letra fuera más fácil de leer para todos. Lo hacía a la velocidad correcta, porque si lo hacía muy rápido, las personas se mareaban, y si lo hacía muy lento, se pasaba la canción. Al tener que cambiar la lámina, ya tenía preparada en mi otra mano la siguiente lámina y lo hacía de tal forma que parecía algo automatizado. De verdad me concentraba y daba lo mejor de mí para que las personas leyeran las letras de los cantos de la mejor forma. Era toda una experiencia.

CREAR CON EXCELENCIA

Lo que sucedió ahí fue que a mis 12 años pude crear un puesto de servicio con un ingrediente que le subió el estándar y lo volvió mucho más atractivo; esto se llama excelencia. Se trata de una calidad superior o bondad que hace digna de aprecio y estima a una cosa o a una persona.

Ese puesto que no tenía mucho aprecio, se volvió algo que muchos comentaban. Hablaban de ese joven de pantalón, camisa y zapatos de suela que proyectaba bien las láminas en el retroproyector.

Ahí aprendí que las cosas no hacen a las personas, sino las personas a las cosas. El mundo camina equivocadamente pensando que lo que tiene es lo que les da valor. Pero la verdad es que somos nosotros quienes les damos valor a las cosas. ¡Ese puesto que nadie quería pasó a ser visto y reconocido a causa de que alguien llegó y lo hizo brillar!

¡Todo cambió ahí cuando se hicieron las cosas bien, cuando se hicieron mejor! ¡Cuando lo hice con excelencia!

Es en esta etapa cuando estamos creando algo, donde lo debemos hacer con excelencia. La excelencia no se trata de hacer las cosas con lo mejor que exista, sino con lo mejor que tengas a la mano. Las personas dicen que no pueden ser excelentes porque no tienen los recursos suficientes para serlo. Alegan: "Si yo tuviera para comprar tal cosa, entonces sería el mejor". Pero esto es un error. Ser excelente es hacer lo mejor con lo que tengo a la mano hoy. Y la forma de llegar a más, es siendo excelente con lo que tienes hoy. Jesús contó una historia donde enseñó este principio.

LAS COSAS NO HACEN A LAS PERSONAS, SINO LAS PERSONAS A LAS COSAS.

Un hombre entregó sus bienes a sus siervos, y a uno entregó cinco talentos, y a otro dos, y a otro uno, a cada uno conforme a su capacidad; y luego se fue lejos. El que había recibido cinco talentos fue y negoció con ellos, y ganó otros cinco talentos. Así mismo, el que había recibió dos, ganó también otros dos. Pero el que había recibido uno, fue y cavó en la tierra y escondió el talento porque tuvo miedo. Después de mucho tiempo vino el señor de aquellos siervos y arregló cuenta con ellos. A los dos primeros que multiplicaron sus talentos el señor les dijo: Bien, buen siervo y fiel, sobre poco has sido fiel, sobre mucho te pondré, entra en el gozo de tu señor. Cuando llegó el que había recibido un talento y se lo retornó, el señor le dijo: siervo malo y negligente, debiste haberlo por lo menos entregado al banco para que hubiera generado intereses (ver Mateo 25: 14-30, paráfrasis del autor).

¡Esta historia nos deja principios que nos permiten crear con excelencia!

SER EXCELENTE ES HACER LO MEJOR CON LO QUE TENGO A LA MANO HOY.

6

CAPACIDAD, FIDELIDAD Y PASIÓN

En la historia que leímos al finalizar el capítulo anterior, a cada uno se le dio una porción. Las porciones no eran iguales, eran de acuerdo con su capacidad. Muchas veces no empezamos a crear algo porque decimos no tener lo que necesitamos. Pasamos mucho tiempo de nuestra vida quejándonos de lo que no tenemos, en vez de ver lo que hoy tenemos. Detente un momento ahí donde estás, y piensa en lo que sí tienes: qué tienes en tus manos, qué tienes en casa, qué tienes en tu corazón; algo debes tener.

Recuerdo que hace algunos años enseñé sobre este tema, y al finalizar la reunión, un matrimonio que escuchó el mensaje salió rumbo a casa. En medio de toda su difícil situación de escasez, se dieron cuenta de que en su casa solo tenían ollas para cocinar. Entonces el hombre le dijo a su mujer: "Amor, si tenemos ollas, pongámonos a cocinar y vendamos almuerzos". Pues de tener solo ollas, se convirtieron en una reconocida marca de almuerzos en la ciudad, ¡y con el tiempo vendieron su franquicia a otras ciudades! ¿Cómo pudo darse esto? Al ver lo que tenían en sus manos y multiplicarlo.

NO ENTIERRES TU TALENTO, NO ENTIERRES TUS SUEÑOS, NI TUS DESEOS, ¡CREA ALGO CON ELLOS!

Hazte hoy esa misma pregunta que la pareja se hizo, y eso que tienes hoy, también serás capaz de multiplicarlo. Debes salir y crear algo de tal forma que lo multipliques.

Otro error que solemos cometer es pensar que lo que tengo hoy es poco o demasiado. Hay quienes en la vida menosprecian sus comienzos, y esta es la razón por la que nunca crecen. Lo miran de poco, le quitan el valor y lo entierran. No entierres tu talento, no entierres tus sueños, ni tus deseos, ¡crea algo con ellos!

EL ENTUSIASMO REQUIERE CAPACIDAD Y CONOCIMIENTO

Es importante mantener nuestro ánimo y entusiasmo para hacer las cosas, pero la capacidad juega un rol muy importante. Con ánimo, pero sin capacidad, podría terminar todo en una calamidad. Te lo digo por experiencia propia.

En nuestra luna de miel me tocó aprender esta lección a la fuerza. Crecí en mi casa siempre motivado para lograr lo que me propusiera. Para mi papá no había nada que no pudiéramos hacer si nos lo proponíamos. Si no sabíamos algo, de alguna forma lo resolvíamos. Este es un buen principio para vivir, pero definitivamente hay sus excepciones a la regla, cuando sencillamente el principio no aplica y créeme, no aplica.

Nos fuimos con Carla para nuestra luna de miel al Caribe. Nos quedamos en un resort todo incluido. Como buen latino, yo quería hacer todo lo que estaba incluido. Dentro de los deportes acuáticos se incluía el velerismo en un pequeño catamarán donde te daban dos opciones: te podían llevar en un romántico paseo, donde un tripulante navegaba el catamarán, o podías irte sin el tripulante, y para esto ofrecían una clase opcional de navegación.

Ya han de imaginar que yo no iba a ir con alguien más que nos llevara; ahí ya había un macho alfa, ¡y ese era yo! Para mí, lo romántico era demostrarle a mi esposa mis habilidades sobre las aguas y llevarla en un grato paseo; mientras que para ella lo romántico era pasear los dos recostados, abrazados, mientras alguien más nos daba el paseo. Sin pensarlo dos veces, enseguida le dije a Carla que yo sabía navegar ese tipo de catamarán y que fuéramos solo los dos, que todo estaría bien. Yo no quería ni tomar la clase, porque ya mi papá me había enseñado sobre esto algún tiempo atrás; pero para darle tranquilidad a nuestro día, tomamos la clase.

Nos hablaba un jamaiquino en un inglés que no entendíamos nada, pero yo me hacía el que entendía, ¡porque mi entusiasmo era más grande! Terminó la clase y nos fuimos a navegar solos. Mi perfecta película romántica duró muy pocos minutos hasta que mar adentro me topé con un fuerte viento donde no podía controlar mi vela. Ni con todas las fuerzas de mi cuerpo e incluso de mi alma logré mover la vela que nos llevaba directamente a las rocas, donde nos dijeron en la clase que por nada fuéramos para allá porque no habría forma de que alguien nos pudiera rescatar.

A causa del viento, el catamarán tomó mucha velocidad. Por un lado, tenía a Carla aferrada con todas sus fuerzas de la lona del catamarán entre gritos y lágrimas; por otro lado, la lucha entre mi fuerza y el viento que nos llevaba directo hacia las rocas. Terminamos atascados entre las rocas hasta que fueron por nosotros. Desde lejos en su *jetski* me hablaba el mismo instructor de la clase a quien no le entendí nada, y ahí estaba yo tratando de seguir las instrucciones para lograr salir de allí.

¿Sabes cómo terminó nuestra aventura? Cuando finalmente, después de intentar de todas las maneras y con mucha instrucción, logré salir de ahí. Subió al catamarán un tripulante que acompañaba al instructor y sin consultar nada por obvias razones, tomó el control del catamarán, mientras yo permanecía sentado al lado de Carla dando un lindo paseo.

Esta experiencia me dejó otra gran lección: aprendí que no solo se trata del entusiasmo que podamos tener, sino también de la capacidad que nos exigirán los desafíos.

Debemos ser conscientes frente a qué mares y con qué vientos nos vamos a enfrentar, y tener la decencia impulsada por la responsabilidad para medir nuestra capacidad inicial para empezar a crear. Tengo pendiente enfrentarme a ese catamarán otra vez, pero seguro no será solo con mi entusiasmo, sino con la capacitación correcta para manejarlo.

Puede ser que hoy te encuentres igual que yo como en mi luna de miel, con muchos deseos y buen ánimo de cumplirlos, empezando a dar tus primeros pasos creando lo que por mucho tiempo has soñado. Pero en el camino todo se puede estancar.

Si sientes que has llegado hasta las mismas rocas donde quedé yo atrapado, déjame ser tu salvavidas y sacarte de ahí con lo que te comparto en estas páginas; déjame guiarte hoy hacia la realidad de avanzar conforme a tu capacidad. No pierdas el ánimo; sin embargo, no permitas que esto nuble tu capacidad para avanzar, porque será la que te evite grandes vergüenzas. Créeme.

NO MENOSPRECIES TUS COMIENZOS

La puerta abierta al menosprecio de lo propio es la comparación con lo ajeno. En el momento que se comparó el que tenía un talento con los que tenían más que él, concluyó que tenía poco. Pero realmente no era poco, era la porción correcta para su capacidad. Y muchos andan hoy con sus talentos enterrados porque un día se compararon. No te des el permiso equivocado de compararte con los demás. Debemos entender que todos somos únicos y diferentes, y que un molde no necesariamente le quedará a otro.

NO TE DES EL PERMISO EQUIVOCADO DE COMPARARTE CON LOS DEMÁS.

Al recordar los inicios de Casa de Fe, en nuestras primeras reuniones, si comparo aquello con el día de hoy, me llenaría de pena y vergüenza contarlo. Ver los inicios como lo menos es un grave error. Con alegría y gratitud te cuento nuestros comienzos. Empezamos en el garaje de nuestra casa con 30 personas entre familia y amigos, un lugar abierto con mucho calor, pidiendo sillas prestadas a los vecinos y amigos. Bajamos un mueble de nuestra sala, que fue nuestro primer púlpito. Las sillas eran plásticas de diferentes modelos, pero eso sí, todas bien alineadas y ordenadas. ¡El piso brillaba de lo limpio y nuestra actitud hacia los demás era la mejor! Esto era lo que teníamos al alcance de nuestras manos.

El otro error que nos frena es pensar que aquello en lo que creemos que debemos crear es demasiado para nosotros. Es el error de sentir que nos queda grande el traje. Debes saber que si llegó a tus manos, es porque eres capaz de vestirlo. Dios nos da a todos conforme a nuestra capacidad.

Lo que hicieron los dos primeros personajes de la historia bíblica que compartí anteriormente, trabajaron con todo lo que tenían y lograron mayores resultados. Ellos recibieron este galardón: "en lo poco fuiste fiel, en lo mucho te pondré". Quien sabe ser fiel con lo primero, podrá ser fiel con lo segundo.

CREA CON FIDELIDAD

¡Quien sabe ser fiel en sus comienzos, podrá ser fiel en su final! ¡La clave está en ser fiel en los comienzos! Los comienzos importan; aquí se traza la ruta al éxito o al fracaso. Aquí se traza el tamaño de tu crecimiento.

¡Por eso te quiero animar a ser excelente en tu tiempo de crear! Estos son tus comienzos. La excelencia revela nuestra fidelidad.

Al ver la historia de Jesús, puedo entender que usar todo lo que tengo, ser fiel con lo que tengo hoy, ¡garantiza un crecimiento, como mínimo, del doble! Todos ellos multiplicaron al doble lo que tenían, pero fue porque fueron fieles a lo primero.

Al ser excelente en lo que hago, le doy valor a lo primero que tengo, lo cuido, aprendo a usarlo y entonces puedo multiplicarlo.

LA EXCELENCIA REVELA NUESTRA FIDELIDAD.

MEDIAS MOJADAS

Al terminar mi etapa de universitario en Alemania regresé a mi país, y oficialmente a mis 21 años ya era un pastor de jóvenes en la iglesia donde crecí. Recuerdo que mi condición económica no era buena, había regresado al país con deudas que tenía que pagar y no estaba en las condiciones de gastar. Me arreglaba lo mejor que podía el sábado por la noche que me tocaba predicar al grupo de jóvenes, y usaba unos zapatos viejos que mi hermano me regaló, con la suela bastante gastada.

Nunca voy a olvidar que una de las cosas que pedía a Dios en mis comienzos era que los sábados en la noche no lloviera, porque si eso sucedía, yo predicaría con las medias mojadas. Aunque en la suela el hueco no era muy visible, ¡era suficiente para que entrara el agua! Recuerdo que los primeros meses me tocó predicar así; aunque nadie lo notaba, yo sentía lo mojado y el frío del piso en mis pies.

Alguien podría pensar que no había excelencia ahí, que cómo podría estar con zapatos rotos y medias mojadas. Pero era lo mejor que tenía en aquel tiempo y en esa circunstancia. No permitas que los malos tiempos y las circunstancias adversas te frenen de dar lo mejor, porque el que es fiel en lo primero, el que es fiel en lo poco, será puesto en lo mucho.

Aprendí que el destino no se escribe con los zapatos que usas, sino con los pasos que das. Más allá de lo que tengas, sea poco, mucho, bueno, o con huecos, se trata de los pasos, las decisiones que tomes.

NO PERMITAS QUE LOS MALOS TIEMPOS Y LAS CIRCUNSTANCIAS ADVERSAS TE FRENEN DE DAR LO MEJOR.

Tienes dos caminos: o decides multiplicar lo que tienes trabajando con excelencia, o decides dejarte llevar por el miedo que nos lleva a enterrar nuestras capacidades. ¿Te has puesto a pensar en tanta gente talentosa que está en las calles, pero que no logra nada más? No se trata tanto del talento como de la actitud correcta. Es creer que tienes la capacidad y que tu única opción es esforzarte.

No te detengas, avanza. Crear con excelencia es crear con fidelidad, y esto asegura la sostenibilidad del crecimiento.

DONDE EXISTE GENTE INSPIRADA, EXISTE OXÍGENO PARA CRECER.

CREA CON PASIÓN

Es en este tiempo de crear donde empiezas a accionar. Es donde te debes dar cuenta de que lo que haces de verdad te gusta. Lo mejor que nos puede pasar para un crecimiento sostenido, luego de crear, es mantener nuestras ganas y nuestra pasión. Y esto solo se mantiene si disfrutamos lo que hacemos.

Al pasar los años y trabajar con personas, me he dado cuenta de que todo funciona mejor a través de la inspiración. Donde existe gente inspirada, existe oxígeno para crecer. Prefiero la inspiración que la obligación. Con esto no estoy minimizando la responsabilidad de cumplir, más bien la estoy asegurando. ¡Gente inspirada responde mejor que gente obligada! Necesitamos encontrar un espacio donde podamos crecer inspirados por lo que hacemos, que nos guste, que nos apasione. Que mañana puedas crecer, no motivado por un cheque mensual, sino más bien por un logro mensual. ¡Hoy al ver mi crecimiento personal y profesional entiendo que hace muchos años encontré mi lugar!

ENTRE EL MAR O LAS BANCAS

Mi padre ha sido siempre un hombre deportista, especialmente de deportes extremos. Durante su juventud practicó muchísimo el surf, era un deporte de todos los fines de semana. Cuando nací, pasé de las aguas de la fuente a las aguas del mar. Los fines de semana mi mamá acompañaba a mi papá a surfear; eso fue siempre playa segura. ¡Un fin de semana más y aprendía a respirar bajo el agua!

A mis 4 años de edad empezamos a asistir a la iglesia, y como ya lo conté, empecé a servir desde joven. Un día me tocó elegir entre el mar o las bancas, ya que ambos eran los fines de semana. ¡Las dos eran muy buenas opciones, me gustaban mucho, pero terminé decidiendo por la que más me gustaba: las bancas. Si me preguntas hoy, la playa sigue siendo mi lugar especial, casi que respiro bajo el agua. Pero un día decidí por lo que me llegó a apasionar.

Que nos guste lo que hacemos no es lo único que debemos tomar en cuenta. Hay otras cosas que por medio de este libro quiero enseñarte: que te apasione lo que eliges no deja de ser esencial. Es como cuando a la hora de escoger pareja se dice que el físico no es lo primero, sino lo que lleva por dentro, Pero la verdad, el físico no deja de ser esencial. Mi consejo de vida es: escoge el rumbo que también te guste, para que lo disfrutes.

Mi mamá llegó a decirme: "Solo me falta llevarte el colchón a la iglesia". Me llegué a conectar tan bien con el servicio a los demás, que logré hacer grandes amigos, y al paso del tiempo sentí que aquel era mi lugar. Y te podría pasar lo que me pasó a mí, y es que no todos estarán de acuerdo con tu elección. Recuerdo que mi abuelo me llamaba con tono de preocupación "el curita de la familia", pensando que probablemente yo no encontraría una compañera en la vida, que no le diera bisnietos y que todos tuvieran que ayudarme a sobrevivir. Pero al pasar de los años he podido ver que tomé la decisión correcta. Encontré a Carla, hemos formado una familia con cuatro maravillosos hijos, soy el nieto que más bisnietos le ha dado al abuelo, y repetidas veces hemos podido extender nuestras manos para ayudar.

CUANDO ENCUENTRAS UN LUGAR, UN ESPACIO,
UNA RAZÓN DONDE SE APASIONA EL CORAZÓN,
EL CRECIMIENTO SERÁ TU CONCLUSIÓN.

7

UNA VISIÓN CLARA PARA CREAR

Es en este tiempo de crear donde damos nuestros primeros pasos de acción, y es entonces cuando debemos tener claridad en la visión. La visión tiene que ver con una situación futura. Es tan importante tener esa mirada hacia el futuro a la hora de levantar nuestros primeros cimientos. Si lo miramos desde la perspectiva de la construcción de un edificio, los cimientos que son el soporte que se construye para sostener el edificio, deben ser calculados acorde al peso y medidas estructurales que tendrá la edificación en el tiempo futuro.

De la misma forma, debemos darle futuro a nuestra vida, a nuestros proyectos y relaciones. Anímate a hacerte esta pregunta: ¿cómo me veo de aquí a 5 o 10 años? Al tener esta respuesta tendrás mayor claridad de qué hacer hoy. Sé que responder a esta pregunta te podría dejar pensando largo tiempo e incluso incomodarte de cierta forma, pero créeme que es necesario. Podría ser que no tengas completamente clara la respuesta, sin embargo, visualizarte en los próximos años te ayudará mucho a construir tus cimientos presentes.

Una de las cosas que me impresionó al conocer a Carla, mi esposa, fue que ella ya tenía visión de su futuro, de su familia. Sabía hasta qué edad tendría hijos. Después de saber cuántos hijos quería yo, proyectó cuándo debíamos empezar a tenerlos para terminar con todos a su fecha planeada. Luego tuvo una idea de a qué edad nos tendríamos que casar para que todo ese plan calzara en nuestras vidas. ¡Fue así cómo, después de una relación de novios por seis años, nos casamos y continuamos con el plan!

Hoy esa parte del plan se cumplió: nuestros cuatro hijos, todos amados, esperados y planeados. Podría sonarte un poquito exagerado, pero es real. No podemos ir por la vida agarrando lo que cada temporada trae, sin tener claro hacia dónde vamos en nuestras vidas. Si no, todo te va a parecer bueno, y vivirás distraído en lo bueno, sin considerar lo estratégico.

CONVENIENCIAS SOBRE PREFERENCIAS

Cuando uno logra tener visión hacia dónde va, podrá escoger lo que conviene sobre lo que prefiere. Sin visión, la conveniencia es muy subjetiva, es temporal y cambiante. Nuestra vida va cambiando como la ropa que usamos, dependiendo de la estación que vivamos, verano o invierno. No podemos escoger por una temporada, siempre habrá temporadas, y estas vendrán, se irán y de seguro volverán; y al final nos daremos cuenta de que no hemos llegado a nada.

La Biblia dice: *Todo me es lícito, pero no todo conviene* (1 Corintios 10:23). La mayoría de las personas solo usan el primer filtro para vivir. Con que me sea lícito, me es suficiente; con que no sea pecado, lo demás no importa. Si se me permite, hay que hacerlo. Pero que sea lícito, no significa que sea productivo o que aporte. Hay muchas cosas lícitas que no nos llevan a nada; solo son distractores, entretenedores en nuestra vida. Vayamos al segundo filtro: ¿me conviene? Esta es la parte que provoca un enfoque correcto. Aunque me sea permitido, ¿me conviene?

SIN VISIÓN, LA CONVENIENCIA ES MUY SUBJETIVA, ES TEMPORAL Y CAMBIANTE.

Mis estudios universitarios fueron compartidos por dos carreras los primeros dos años de estudio. Recuerdo que mi pasión por conocer más la Palabra de Dios y compartirla me llevó a entender que debía estudiar teología. Durante mis dos primeros años de teología estudié al mismo tiempo otra carrera en administración de empresas. Si me preguntas si era mi preferencia o si era lo que quería, ¿estudiar dos carreras al mismo tiempo? ¡Mi respuesta es no! Pero fui entendiendo que más allá de lo que prefería era lo que me convenía. Mi mamá siempre me cuestionaba: "¿Me vas a estudiar otra carrera aparte de teología?".

Durante mi tercer año de teología el estudio se puso mucho más intenso, así que tuve que hacer una pausa en mi segunda carrera, la de administración. Dentro de mí, dije: *¡Me libré de esto finalmente!* Cuando estaba por terminar mis estudios de teología en el cuarto año, ¿qué crees que me dijo mi mamá?: "Tienes que terminar tus otros estudios de administración. Creo que te sería bueno ir a terminar tus estudios fuera del país. ¿Qué tal Alemania?".

Ahí dije yo: "¿Me es lícito?". "Sí". Pero "¿me conviene?". "¡No!". Y aunque lo que te acabo de decir parezca que está patas arriba, en ese momento yo no lo entendía. Permíteme contarte más para que me entiendas. Cuando estaba terminando mis estudios teológicos, mi pastor en la iglesia me ofreció la oportunidad de trabajar como pastor de jóvenes. ¡Hasta ahí! ¡Esa era mi visión, mi sueño! Y como esa era toda mi visión, nada de lo demás convenía.

Mi madre, como toda buena madre, no me dejó otra opción que hacer lo que ella decía.

Imagínate lo que yo sentí cuando le fui a decir a mi pastor: "Muchas gracias por el ofrecimiento, pero después de cuatro años que me preparé para esto, tengo que decirle que no, porque me voy a estudiar a otra parte del mundo muy lejos, y solo". Mi pastor entendió, me animó a ir y prepararme, pero hizo lo correcto al decirme que no podría esperar dos años a que regresara por el puesto, y yo también lo entendí.

Recuerdo que, a diferencia de un proceso normal de aplicar a varias universidades para tener mayor posibilidad de estudiar fuera, yo apliqué solo a una. Al haber aplicado solo a una, decía dentro de mí: *Así no me seleccionan, me quedo, y podré trabajar como pastor.* De 600 aplicaciones que llegaron a esa universidad, solo había cupo para 50. No me pregunten cómo, ¡pero yo quedé dentro de esos 50! Me tuve que embarcar en una aventura por los próximos dos años, que, aunque no era mi preferencia, entendí con el tiempo que era lo que me convenía.

Puede ser que lo que hoy estás viviendo no sea de tu preferencia, pero para tu crecimiento sea de tu conveniencia. No importa si no entiendes ahora, y podría parecer que estás renunciando a tus sueños, que lo que vives no tiene sentido con lo que quieres, pero si es para tu formación, por favor, no renuncies, ¡no te detengas!

¡Mira lo que pasó conmigo! Cuando terminé los dos años de estudio y me tocó regresar a Ecuador, una de las primeras cosas que hice fue visitar mi iglesia, ¿y a que no se imaginan? ¡El puesto de pastor de jóvenes me estaba esperando! Al mes de haber regresado me contrataron como pastor y para entonces no solo tenía conocimientos bíblicos, sino también administrativos, y eso me llevó a un crecimiento exponencial. Comenzamos con un grupo de jóvenes de 40 personas, y en poco tiempo crecimos a cientos de jóvenes que llenaban el auditorio cada sábado en nuestras reuniones.

Quién diría que aquel tiempo que, ante mi inmadurez propia de la edad, no quería vivir ciertas cosas, ¡esas me sirven para lo que hacemos hoy!

No solo soy pastor, sino también estoy al frente de varias organizaciones, como la bella Iglesia Casa de Fe, que junto a mi esposa pastoreamos. Además, tenemos un instituto de educación y capacitación, una academia de estudios escolares, la fundación, y nuestros negocios familiares.

La verdad es que hacer lo que te conviene resulta mucho mejor que hacer lo que prefieres. ¡Lo que hasta hoy hemos logrado hacer es por estar donde conviene! Estar donde conviene no siempre será lo que prefieres. Hay momentos incómodos, tiempos de sacrificios, de soledad, de austeridad, de crítica, de persecución; pero todos esos tiempos se vuelven un buen cimiento para sostener el crecimiento que vendrá.

En una ocasión Jesús contó esta historia:

Cualquiera, pues, que me oye estas palabras, y las hace, le compararé a un hombre prudente, que edificó su casa sobre la roca. Descendió lluvia, y vinieron ríos, y soplaron vientos, y golpearon contra aquella casa; y no cayó, porque estaba fundada sobre la roca. Pero cualquiera que me oye estas palabras y no las hace, le compararé a un hombre insensato, que edificó su casa sobre la arena; y descendió lluvia, y vinieron ríos, y soplaron vientos, y dieron con ímpetu contra aquella casa; y cayó, y fue grande su ruina. (Mateo 7: 24-27)

Todos vamos a crear algo. Lo que vuelve fuertes nuestras casas o lo que sea que creamos, son los cimientos donde fueron construidos y las decisiones que tomamos al crear.

Asegúrate de que tus comienzos sean procesos que te vuelvan fuerte como la roca, que lo que construyas esté sobre un terreno que sostenga la visión. Si esquivas tus procesos, si solo estás en lo que prefieres sin pensar en lo que te conviene, podrías estar construyendo sobre la arena, la cual, al llegar una fuerte prueba, traerá una caída y probablemente la ruina. Mira en estas historias que la misma lluvia y tormenta vinieron sobre los dos. ¡La misma prueba, mientras destruye a unos, a otros los hace más fuertes! Y esto se decide desde el principio.

En esta historia la roca es Jesús. Cuando Jesús es el centro y el fundamento sobre el cual construimos, podemos tener la seguridad de que no habrá tormenta, por muy fuerte que sea, que tire abajo lo que hemos construido. Construir sobre la roca tiene que ver con tomar el consejo de Jesús: ¡crear bajo su Palabra! Su consejo hoy es: todo te es lícito, pero recuerda que no todo conviene.

Les digo la verdad: el que cree en mí también
va a hacer las obras que yo hago.
Y hará obras más grandes porque yo regreso al Padre.
—Juan 14:12 (TLA)

Parte III

CRECER

"Crecer puede ser doloroso,
cambiar puede ser doloroso,
pero nada es tan doloroso como permanecer
atascado en un lugar al que no perteneces".
—Charles H. Spurgeon

8

CUANDO UNA PUERTA SE CIERRA, UNA MEJOR SE ABRIRÁ

Hay una realidad que debemos tener presente, y es que en la vida nos toca atravesar por puertas para llegar a nuevos lugares. Las puertas separan ambientes, delimitan espacios y solo a través de ellas podemos acceder. Hay puertas que exigirán ciertos requisitos para cruzar, por ejemplo, hay puertas que, para abrirse, requieren cierto tipo de vestimenta. Otras puertas te exigen una visa, o una vacuna, o un mínimo de edad. En esencia, las puertas fueron creadas para conectar, para que en su momento pasemos a través de ellas. Las puertas las podemos encontrar abiertas, pero también cerradas. Lo que está claro es que no quedarán cerradas para siempre; esto rara vez sucede. Por esto hay un dicho muy conocido que nos invita a creer; cuando una puerta se cierra, es porque otra mejor se abrirá.

Hoy te quiero animar a creer esto cuando te encuentres frente a una puerta que se te cerró. Eso es parte del crecimiento en la vida, es parte de estirarte hacia un nuevo crecimiento. Una puerta cerrada no es el fin; es el comienzo de una nueva aventura, es la oportunidad para obligarte a un crecimiento mayor. Este tiempo te saca de tu zona de confort cuando te has acostumbrado a la misma puerta, y te obliga a volver a pensar, a volver a diseñar una estrategia que al final terminará aportando a tu crecimiento.

Tienes dos opciones frente a una puerta cerrada: la vía del conformismo o la vía de la transformación. La primera opción es la más común que tomamos, porque obedece a esos primeros pensamientos y sentimientos al encontrarnos frente a una puerta cerrada.

El conformismo significa: actitud de una persona que acepta fácilmente cualquier circunstancia adversa.

Cuando nuestra respuesta es resignarnos, acomodarnos, bajar nuestros brazos ante la adversidad, nos estamos conformando. En la vida pasaremos por adversidades como las puertas cerradas, pero no es nuestro lugar de vida, sino nuestro lugar de estiramiento, nuestra temporada de crecimiento. Crecer duele, crecer cuesta, no se crece cuando todo está bien. La posibilidad de crecer la tenemos ante la adversidad.

Nuestra segunda hija, Naomi, nació prematura de 32 semanas. Ella nació el tercer domingo después de haber iniciado Casa de Fe, por eso me es fácil recordar los años de la iglesia. Después de una semana en termo cuna, la pudimos llevar a casa, y siendo muy pequeñita la empezamos a alimentar y cuidar de una forma muy especial. A sus pocos años de vida, detectamos que sufría de alergias y decidimos llevarla al especialista. Nunca voy a olvidar esa escena. Después de que el doctor la revisó, nos miró con detenimiento y nos dijo: "Su hija siempre vivirá con alergias, no podrá tener cortinas en su cuarto, menos alfombras, olvídense de los peluches, tampoco podrá nadar en piscinas, no la expongan a correr, no es una niña normal".

EN VEZ DE CONFORMARTE, ESCOGE TRANSFORMARTE.

En el momento que el doctor decía todo eso, yo veía de reojo a Carla que estaba empezando a descomponerse, hasta que interrumpió al doctor y le dijo: "Disculpe, doctor, pero no acepto lo que me está diciendo. Mi hija estará sana y no vivirá ninguna de las cosas que dice. Nosotros creemos que Jesús la sanará y será una niña normal". Carla se levantó y se despidió. Yo estaba ahí sentado, entre mi sonrisa nerviosa, entre las locuras que dijo el médico, queriendo apoyar a mi mujer y pensando si debería pagar la consulta o no. Finalmente me levanté, traté de explicarle nuestra fe en Jesús, pagué la consulta y me retiré.

Pasaron los meses. Naomi se curó de sus alergias, es nuestra hija más alta en estatura, corre, salta, nada, tiene cortinas en su cuarto, alfombras, y vive una vida sana y feliz. Creo que esta anécdota es el ejemplo extremo para entender que no tienes que conformarte ante una puerta cerrada. Más allá de la adversidad de una puerta cerrada, decide que esto no te obligue a estancarte.

Escoge el segundo camino: la oportunidad de la transformación. La Biblia nos enseña este principio: *No os conforméis a **este siglo**, sino transformaos por medio de la renovación de vuestro entendimiento, para que comprobéis cuál sea la buena voluntad de Dios, agradable y perfecta"* (Romanos 12:2). En vez de conformarte, escoge transformarte.

La transformación tiene que ver primeramente con lo que pensamos. Nuestro pensamiento debe cambiar, de un pensamiento conformista a un pensamiento de oportunidad. La palabra transformación en este versículo tiene que ver con la palabra *metamorfos*, de donde nace la palabra metamorfosis. La metamorfosis es el proceso por el cual el gusano se llega a convertir en mariposa. Nuestra transformación es llegar a pensar que, aunque hoy nos sintamos como gusanos, debemos vernos camino a ser como esa mariposa que puede volar.

No fuimos diseñados para arrastrarnos en la vida; es un proceso de aprendizaje para poder volar. No existe la mariposa que un día no haya sido gusano que aprendió a arrastrarse en la tierra. Para caminar un día, nosotros de bebés aprendimos a avanzar arrastrándonos con el cuerpo. Así como para correr primero se aprende a caminar, y como para volar primero se aprende a arrastrar, ¡una puerta cerrada nos prepara para una nueva puerta que nos permitirá volar!

Te invito a vivir con esta verdad: "Dios es el que tiene la llave, y lo que Él abre, nadie cierra; y lo que Él cierra, nadie abre". Muchas veces nos encontramos tratando de abrir la misma puerta que se cerró. Llega un momento en nuestro crecimiento cuando logramos entender que esa puerta no conviene más, y la debemos dejar ir. Aquí nos toca confiar que Dios mismo cerrará las puertas que no nos convienen, y así mismo confiar en que la puerta que Dios abre no existe nadie que la pueda cerrar.

¡UNA PUERTA CERRADA NOS PREPARA PARA UNA NUEVA PUERTA QUE NOS PERMITIRÁ VOLAR!

A los seis meses de haber empezado Casa de Fe en el garaje de nuestra casa, se nos abrió la puerta de mudarnos a una bodega con una ubicación fenomenal frente a un centro comercial. Esta bodega que había estado cerrada por casi 15 años, la transformamos en nuestro nuevo hogar por los próximos dos años. Al cerrar el contrato de arrendamiento nos dieron un valor muy módico porque el predio estaba en venta, y la condición fue que si vendían la propiedad debíamos salir.

Recuerdo que firmé el contrato con tanta fe que me veía comprando esa propiedad en el futuro. Los próximos años fueron tiempos de mucho crecimiento en la iglesia, pero también de mucho crecimiento personal. Recuerdo que una vez llegó uno de los dueños del predio a decirme que ya estaba prácticamente vendida la propiedad, y que la siguiente semana ya tendríamos que salir. Yo decía dentro de mí: *¿Cómo voy a mudar a tanta gente y encontrar un lugar así donde podamos entrar?* No era nada fácil. Pero decidí no decir nada el domingo y esperar, y el lunes recibíamos la noticia de que la negociación no se dio.

Durante esos dos años pasé varios sustos, vivíamos con una puerta de bisagra de cierre automático, de esas que se abren con un empujón y que solitas regresan y se cierran. Varios meses viví con esa noticia de una supuesta venta; y a la siguiente semana recibí un mensaje de que podíamos continuar ahí porque la negociación no se dio.

Recuerdo que decidí intentar comprar el predio. Hablé con la iglesia y por primera vez hice una colecta entre las miembros para poder comprarlo. Los valores eran muy altos para nosotros, pero las ganas y la fe nunca nos faltaron. Entre lo que recogimos y lo ahorrado me animé igual a comprarlo, y con un cheque girado con una pequeña cantidad en porcentaje del valor de la propiedad, pedí una reunión con los propietarios.

Era un joven de 26 años frente a ocho hermanos dueños, una familia increíble que respeto mucho y con quienes mi esposa y yo estamos profundamente agradecidos.

Fui solo a esa reunión, frente a ellos expuse nuestro deseo de comprar y les dije que se los pagaría en cómodas cuotas hasta que la muerte nos separara. Después de mi exposición, hubo un silencio que para mí fue eterno. Uno a uno fueron dando su respuesta… ¡y cada uno me iba dando un sí! ¡No lo podía creer! Decía dentro de mí: *¡Estos están más locos que yo!* De siete hermanos la respuesta fue un sí; hasta que el último hermano se me quedó mirando y me dijo: "Discúlpeme, ¡pero no, no podemos aceptar!".

¿Qué harías tú frente a 7 puertas abiertas y que de repente una se cierre? Pensé: *Seguro uno no afectará.* ¡Pero era el hermano mayor al que todos escuchaban, y de repente todos reaccionaron y me fueron cambiando su sí por un no! Una cosa es que se te cierre una puerta en el día, ¡pero otra es que se abran por un instante 7 grandes puertas y que en menos de cinco minutos te aparezcan 8 puertas cerradas! ¿Te imaginas todo lo que yo pensaba en cada sí que recibía y cómo salí de ahí con 8 puertas cerradas, y mi cheque en la mano?

Hoy agradezco a Dios por esas puertas cerradas. Hoy entiendo que hubiese sido una locura, no teníamos en realidad la posibilidad de responder a ese gran desafío. Después de ver las puertas que Dios nos abrió, pude entenderlo aún mejor.

Recuerdo las palabras de Carla cuando me dijo: "¡Tranquilo, si esto no se dio, Dios nos tiene algo más grande!". Yo le respondía a Carla: "No digas eso, si esto ya es muy grande para nosotros. Podrías sonar con altivez". Pero ella me decía: "Tranquilo, Dios nos dará algo más grande".

SE CRECE CUANDO SOLTAMOS Y CONFIAMOS EN ALGO MAYOR.

Para hacer la historia corta, poco tiempo después me pidieron que desocupara el lugar porque de verdad lo necesitaban vender. Ese mismo día que nos pidieron salir, ya Dios tenía nuevas puertas que nos abriría, pero que nosotros no conocíamos. No fue sino hasta tomar la decisión, hasta dar el primer paso, que Dios respondió. Al medio día una persona me llamó para ofrecerme el contacto del gerente del mejor teatro que teníamos en la ciudad en ese entonces. Me consiguió la cita y enseguida fui. Me atendió e increíblemente por el mismo precio que rentábamos la bodega nos concedió el permiso para utilizar los domingos el teatro. Delante de mis ojos ordenó a la secretaria bloquear todos los domingos del año en curso.

De no tener dónde reunirnos al haberse cerrado la puerta a la que estábamos acostumbrados, de la que pensaba que era nuestro todo, la que yo no quería que me cerraran, fue que Dios nos abrió una puerta mucho mejor. De tener 400 sillas, pasamos a 800 butacas, con parlantes e iluminación de primer nivel. En menos de tres horas, tuvimos una puerta nueva abierta. Pero no fue sino hasta que acepté que la puerta de la bodega se estaba cerrando y dejé de aferrarme a ella, que estuve preparado para algo mayor. ¡Querido lector, eso se llama crecimiento! Se crece cuando soltamos y confiamos en algo mayor.

¡CUANDO UNA PUERTA SE CIERRA, UNA MEJOR SE ABRIRÁ!

Hay algo más que no quiero dejarte de contar, es la cereza del pastel. Por la tarde de ese mismo día, me llamó otra persona y me preguntó si no estaba interesado en comprar un terreno para la iglesia. Quienes me conocen, saben la respuesta que le di: "¡Sí!". Me comentó que estaban rematando unos terrenos que los tenía una entidad pública y me preguntó si los quería ir a ver.

Al final del día, terminé pisando el terreno que Dios nos daría. No solo me abrió la puerta del teatro donde experimentamos el mayor crecimiento de aquel tiempo, sino que me abrió la puerta para ese día pisar lo que dentro de poco se volvería un terreno de Casa de Fe. ¿Sabes algo? Esa puerta fue mucho más grande que la puerta a la que yo me aferraba. Estaba aferrado a 30 000 metros cuadrados; ¡y la nueva puerta que se nos abrió era tres veces más grande en su tamaño, pagando solo la quinta parte de lo que costaba el terreno de la puerta que se me cerró!

Aquí aprendí esta lección que te ayudará a alcanzar un mayor crecimiento. ¡Cuando una puerta se cierra, una mejor se abrirá!

ANTE UNA NUEVA PUERTA, PIDE, BUSCA, LLAMA Y PREPÁRATE

Hay un verso en la Biblia que se volvió mi maestro en tiempos de crecimiento. Jesús en una ocasión dijo: *Pedid y se os dará, buscad y hallareis, llamad y se os abrirá. Porque todo aquel que pide, recibe; el que busca, halla; y al que llama, se le abrirá* (Mateo 7:7-8). Si quieres una transformación en tu pensamiento, aquí te dejo tarea.

Hay tres cosas que debemos hacer frente a las nuevas puertas: pedir, buscar y llamar. Creo profundamente que hay cosas que son tarea de Dios, pero hay otras que son responsabilidad nuestra. Dios quiere proveernos mejores puertas, pero nos toca a nosotros pedirlas, buscarlas y llamar a ellas.

Para muchas personas, pedir les significa un gran problema. Creen que no deben molestar, que ellos pueden resolver sus asuntos por su propia cuenta. Otros piensan que, si piden, igual no les van a dar. Aquí mentalmente ya hay un bloqueo donde hay que crecer. ¡A pedir se aprende! El entendimiento de que no podemos solos en la vida es nuestro punto de partida. Debemos crecer en aprender a pedir consejo, a pedir dirección, pedir lo que nos hace falta.

Llegar donde todavía no has llegado no va a depender solo de tus conocimientos o capacidades, sino de la suma del conocimiento y las capacidades de quienes están a tu alrededor. Me suelen preguntar cómo hemos logrado crecer, y mi respuesta es sencilla: entendí que no todo me lo sé, y lo que hago es consultar a expertos que ya han logrado antes que yo. Si vas a pedir, fíjate que de verdad tengan algo que aportar que te ayude a crecer.

Lo segundo es buscar. En esto muchos tenemos problemas. No sé qué tan bueno seas para encontrar algo que te piden buscar. En mi caso, es todo un desafío. Especialmente cuando mi esposa me pide buscar algo en su bolso. No sé si todas las carteras de las mujeres son iguales, ¡pero casi nunca encuentro lo que busco ahí adentro! No sé si te ha pasado que estuviste buscando algo por ratos y que estuvo ahí todo el tiempo, pero que sencillamente no lo viste antes. Esto es porque no le damos la importancia a buscar. Cuando nos toca hacerlo, lo hacemos de una forma ligera, por encima y no profundizamos. Sin embargo, somos rápidos para responder e incluso creer que ya buscamos lo suficiente, y nadie nos mueve del pensamiento que la tarea ya la hicimos y que no tenemos ningún resultado.

EL CRECIMIENTO NO TE TOMA POR SORPRESA, AL CRECIMIENTO SE LE PROVOCA.

Aquí las palabras de Jesús nos deben cambiar el pensamiento: si yo busco, voy a encontrar. Por lo regular, como dicen por ahí, ya vamos "con el parche puesto antes de la herida", es decir, buscando con la mentalidad de no encontrar. Te va a pasar lo mismo si después de leer estas líneas dices: "Ok, ok, solo porque aquí me lo están enseñando lo haré, pero la verdad no creo que encuentre algo. Pero la clave de esto es ver cuál es la verdad que llevas por dentro y cambiarla si es necesario. Te invito a crecer en tu pensamiento y entrar en tus búsquedas, creyendo que vas a encontrar. ¡Entonces lo que busques, lo encontrarás!

Después de pedir y buscar, y una vez la puerta esté frente a nosotros, ¿qué debemos hacer? Es aquí cuando surge la pregunta: ¿cómo sé si la puerta es la correcta? ¿Cómo sé si se abrirá la puerta? Y la respuesta es sencilla: ¡hay que llamar! Debes tocar a la puerta. "Llamad y se os abrirá". ¿De verdad crees esta afirmación bíblica? ¡No se puede crecer con pensamientos escasos o limitados!

Si estás pensando que no recibirás, que no encontrarás y que no se abrirá, estás poniendo un límite muy grande a tus sueños y truncando tu crecimiento.

Te dejo un último consejo frente a una nueva puerta. Se llama preparación. Dios podría hacer su parte; pero una gran puerta la podemos dejar pasar en el momento que no estamos preparados para pasar por ella. Las grandes puertas en la vida necesitan preparación. No es solo el deseo, no es solo que Dios quiera, ¡es que estemos a la altura de lo que se necesita! El crecimiento no te toma por sorpresa, al crecimiento se le provoca.

Te invito a salir del conformismo. A lo mejor viviste una muy mala experiencia donde te cerraron la puerta de una forma que hoy no tienes ganas de volverlo a intentar. ¡Te resignaste a vivir hasta ahí, hasta esa puerta cerrada! Pero hoy te recuerdo que hay más. ¡Crecerás hasta donde estés dispuesto a crecer! Sí, el crecimiento trae consigo problemas; pero es mejor pasar por los problemas que trae el crecimiento, que los por los problemas de no lograr nada. Casa chica, problemas chicos; casa grande, problemas grandes. Pero...

LOS BENEFICIOS DE CRECER NO SE COMPARAN JAMÁS CON LA FRUSTRACIÓN DE NO HABERLO NI SIQUIERA INTENTADO.

9

CAPITÁN CON UN ALTO NIVEL DE COMPROMISO

"**S**eñoras y señores". Esta realidad no la ha cambiado ninguna temporada, ninguna filosofía o pensamiento. Somos llamados así en el mundo entero, en todos los idiomas bajo esta categoría. Más allá de conocer nuestros nombres, somos reconocidos como señores. A todos nos llaman así sin excepción. Piensa en esto. Tú podrías no conocer a alguien, ni siquiera su nombre, pero de seguro sabes cómo llamarlo y sabes que te responderá. "Disculpe, señor…". Incluso desde temprana edad suele ser como las abuelas nos llamaban para motivar nuestro buen comportamiento. Son esos mis recuerdos que desde muy chico mi abuela Lenny me decía: "¡Compórtese, mijito, usted es un señorito!". Eso enseguida era una llamada de atención para mejorar mi comportamiento.

Cuando nos llaman así, algo sucede dentro de nosotros. Despierta un sentido de grandeza, de respeto, de reconocimiento. Incluso muchas veces hasta nos preguntamos si se refieren a nosotros. ¿Señor, yo? ¡Sí, tú! Es de esto de lo que quiero hablarte.

No es casualidad que sea la forma en como nos podemos llamar todos, y casi todos responder bajo esta manera. Si revisamos el comienzo de la raza humana, conoceremos la razón. Señor o señora tiene que ver con una asignación, con una posición relacionada con el crecimiento.

Dios crea al hombre con la capacidad de multiplicar, de hacer crecer. Fructificar y multiplicar tiene que ver con una vida de crecimiento. Para esto le da una posición en la tierra y le instruye ser señor. Esto nunca se trató de ser señor sobre alguien más, pero sí sobre algo. Dios creó el mundo, y ese mundo lo puso bajo nuestro señorío. Sobre toda ave, todo pez, todo animal en la tierra, serás señor.

Este título que podemos ostentar no es para hacernos más grandes sobre otros, sino para hacer crecer lo que Dios hace mucho tiempo creó, pero que hoy está en tus manos. Este es nuestro tiempo de decidir qué haremos con el mundo en el que hoy vivimos. Déjame ir más profundo: lo que harás con tu mundo; tu realidad, tus oportunidades, tu vida, tus años, tus talentos, tus habilidades. Déjame hacerte una pregunta: ¿el mundo está en tus manos, o tu mundo te tiene en sus manos?

Una de las claves del crecimiento es cuando entendemos lo que Dios quiso hacer con el hombre desde el principio. Su deseo siempre fue que creciera, que se desarrollara, que multiplicara. Para esto le dio una posición clave, ser señor sobre la creación. Cuando logramos entender este principio, podemos provocar un crecimiento multiplicador sobre lo que tenemos en las manos.

Somos señores sobre la creación, pero muchas veces vivimos este principio a la inversa, y permitimos que la creación esté sobre nosotros, como cuando los recursos, los planes, lo que tenemos en nuestras manos están sobre nosotros, y son ellos los que marcan nuestro ritmo de vida. Son ellos los que dictan cuándo reír, cuándo estar triste, cuándo soñar o dejar de hacerlo, cuándo moverse o no. Entonces caemos en un engaño donde los recursos y la creación se vuelven nuestros señores.

LO QUE HOY TIENES EN TUS MANOS, ¿ESTÁ REALMENTE BAJO TU CONTROL O TE CONTROLA?

En el huerto del Edén, Adán y Eva tenían todo a su disposición, bajo su señorío. Pero de repente vino el mal representado en una serpiente (que era una creación), y logró convencerlos de hacer conforme a su intención. Permitieron que la serpiente tomara el lugar que no le correspondía: señorear sobre la creación.

Cuando pensamos en hacer crecer lo que tenemos en nuestras manos debemos cuidarnos de no caer en este mismo error: permitir que el recurso sea quien nos dé dirección en la vida. No lo permitamos ni siquiera un día. Mira lo peligroso que resultó ponerle atención a una conversación. Lo que un día fue tu bendición (la creación, los recursos, los talentos) se vuelve tu maldición. Aquella serpiente que era parte de esa creación y que fue creada para estar bajo la autoridad del hombre, se volvió aquel señor sobre ellos que aconsejó y dio dirección a sus vidas.

Nuestro mayor aliado para el crecimiento es Jesús, que nos enseña a ejercer mayordomía, administración, sabiduría sobre nuestros recursos, para que esa porción de su creación que hoy está en tus manos crezca. Tómate un tiempo y medita conmigo en esto. Lo que hoy tienes en tus manos, ¿está realmente bajo tu control o te controla?

SÉ EL CAPITÁN Y NO EL MARINERO

He comentado que mi padre fue siempre practicante de deportes extremos, entre esos, los acuáticos. En mi niñez, con frecuencia lo acompañaba en regatas a mar abierto sobre un velero. Nunca voy a olvidar la primera vez que salimos a navegar juntos. El clima no se veía muy favorable y el mar estaba bien picado.

El velero tiene una particularidad, y es que, al momento de virar, se pone de lado a una inclinación de casi 90 grados, dejando un lado del velero tocando el mar y el otro lado completamente en el aire. Nadie me había advertido de esta maniobra. Recuerdo que me asusté tanto que, entre gritos, mi papá me mandó dentro del camarote. La situación se ponía peor, porque cada vez que el velero giraba, yo miraba el agua cubriendo las ventanas ¡y todos los platos y cubiertos caían hacia mí! Una vez lograba guardarlos, volvíamos a girar ¡y todo obviamente volvía a caer! Quería salir corriendo de ahí, pero no tenía adónde ir.

El mar estaba con olas grandes, y entre saltos y vueltas tuve una de mis peores experiencias en altamar. Le decía a mi papá que no quería estar ahí, pero su frase siempre fue: "El capitán no abandona su barco". Al momento no entendía lo que decía, pero pasados los años, cuando me tocó estar al frente de mis barcos, entendí la gran lección que me dio.

En la vida a todos nos toca enfrentar tiempos difíciles, y uno debe saber el rol que tendrá. Si sueñas en grande y tienes una gran visión, tendrás que verte como capitán y no como marinero. En algunos países abandonar el barco se considera un delito marítimo.

Hay una frase todavía más fuerte: "El capitán se hunde con el barco". Esta es una tradición entre marineros que dice que el capitán tiene la responsabilidad final, tanto de su barco como de todos lo que se embarcan en él, y en caso de emergencia, salvará a los que lleva a bordo o morirá en el intento.

Si todos lográramos vernos como capitanes de nuestros propios barcos, de nuestras casas, de nuestras empresas, o nuestros departamentos a cargo, estaríamos en otros niveles de crecimiento y producción. Pero la tendencia es abandonar cuando todo se complica. Esta es la razón principal por lo que mucho de lo que tenemos en nuestras manos no crece, se estanca, ¡es por la falta de compromiso!

CRECER REQUIERE UN ALTO NIVEL DE COMPROMISO

Compromiso es la capacidad que tenemos las personas para tomar conciencia de la importancia de cumplir con algo que hemos pactado. Háblame de tu nivel de compromiso y te diré tu nivel de crecimiento. Nada por lo que no se está dispuesto a comprometerse puede crecer.

HÁBLAME DE TU NIVEL DE COMPROMISO Y TE DIRÉ TU NIVEL DE CRECIMIENTO.

Te podría pasar que por las motivaciones equivocadas termines en un velero que se podría convertir en tu peor tormento, o podrías cobrar conciencia de ofrecimientos hechos que debemos cumplir y sostener, aunque no lo quieras.

Nuestro nivel de compromiso asegura un crecimiento sostenible. Debemos sostener lo dicho, lo pactado, no importa cuán difícil o estresante se presente la situación.

Para lograr un compromiso, debemos desarrollar primeramente una conciencia de responsabilidad. Es lograr tener claro en nuestro entendimiento que hay cosas que nosotros debemos cumplir sí o sí, porque son nuestra responsabilidad y de nadie más. No se pueden delegar, ni tampoco posponer. Por ejemplo, el capitán tiene responsabilidades que nadie más puede tener. Él es el encargado de la dirección y el gobierno de la embarcación; él ejerce el comando absoluto del barco.

La responsabilidad nos llevará a alcanzar disciplina. La disciplina nos permitirá alcanzar los logros propuestos. Y a mayores logros, mayor crecimiento garantizado.

Entonces, define primero tu rol: ¿serás capitán o tripulante? Por supuesto que un capitán. Sé el capitán por convicción y no por necesidad.

NUESTRO NIVEL DE COMPROMISO ASEGURA UN CRECIMIENTO SOSTENIBLE.

10

VALENTÍA PARA DEFENDER LO QUE TIENES

Tomar el desafío de crecer demanda de nosotros que destaquemos aquellas virtudes que todos los seres humanos tenemos. El crecer nos exige fluir en ellas, sí o sí. Si decidimos crecer, vamos a necesitar la determinación para enfrentarnos a situaciones arriesgadas o difíciles. ¡Para esto debemos ser valientes!

La valentía es una virtud humana que se define como la fuerza de voluntad que puede poseer una persona para llevar adelante una acción a pesar de los impedimentos. Aunque todos tenemos esta virtud, no todos la usamos. Pero para el esforzado, el que está decidido a avanzar en la vida, usarla no es una opción, sino un requisito.

Si miro hacia atrás, puedo verme como si tuviera una espada en mi mano cual soldado valiente enfrentando cada situación compleja que he tenido que atravesar para llegar a donde estamos hoy. ¿Recuerdas que te conté que el mismo día que salimos de nuestra bodega donde por dos años hicimos iglesia, tuvimos la oportunidad de cerrar la negociación del alquiler del teatro y por la tarde fui a ver un terreno? Bueno, permíteme contarte la travesía para lograr obtenerlo.

El terreno estaba a la venta a través de un proceso de remate, en mano de una institución del Estado. Decidimos participar en el remate, y para esto había que llegar el día de la subasta y hacer una oferta. Adjudicarían la tierra a la mejor propuesta. Revisamos nuestras posibilidades económicas con toda la fe que teníamos y decidimos escribir una cifra. Me aconsejaron que el día de la subasta fuera el último en entregar la documentación; que esperara el conteo final de 10 segundos y que al tercer segundo entregara mi propuesta para evitar que alguien viera el valor propuesto y pretendiera superarlo.

Quise llevar la propuesta yo mismo. Si tú pensabas que te relataría la subasta como se ven en las películas, gente muy educada vestida elegantemente, sentada en un salón con un letrero en la mano y escuchando: "¡Vendido al señor de chaqueta blanca!", te equivocas. Así no sucede en nuestros países.

Recuerdo que estando en una pequeña sala, llena de participantes que entre ellos se hablaban y ponían sus propuestas ante el designado por el juez, estaba yo con mi carpeta manila, esperando el conteo final. Me miraban y escuchaba voces en la sala que decían: "¡Ya, flaquito, entrega tu propuesta! ¡Falta el flaquito!". Entre silbidos y voces en mi contra, ahí estaba yo de pie, defendiendo mi carpeta, pensando *Que nadie me la quite* y esperando el conteo final.

Cuando ese ángel empezó el conteo, sentí que era hora de actuar, y literalmente al segundo 3... 2... entregué mi carpeta. Entre burlas y ruidos terminamos siendo la tercera mejor oferta. Luego pasamos a un proceso de calificación de documentación y las primeras dos posiciones que estaban delante de nosotros fueron descalificadas por inconsistencia en la documentación. Para nuestra sorpresa quedamos como la propuesta ganadora.

Ahora debíamos cumplir con lo ofertado y llevar un cheque certificado por el banco dentro de las próximas 48 horas. La verdad es que solo contábamos con la mitad del valor ofertado; la otra parte la poníamos en fe. ¡Tenía 48 horas para completar una suma de dinero que nunca habíamos tenido! Pero hay un pequeño detalle que te debo contar. Como esta era una subasta pública, yo no hice público el proceso en la iglesia, ya que corríamos el riesgo de que alguien más lo escuchara y se adelantara a nosotros.

¡A la iglesia van los buenos, pero también los malos! Así que la idea de levantar fondos abiertamente no era muy buena, ponía en riesgo la operación. Pero si algo yo tenía era esa determinación, esa fuerza de voluntad, esa virtud llamada valentía. Saqué mi espada y dije: "Sí podemos". Las próximas 48 horas fueron de mucha adrenalina y mucha valentía. Reuní a los más cercanos, les conté la situación y les invité a ayudar, pero eran solo 12 y todos muchachos jóvenes que apenas empezaban a vivir, ¡ya te imaginarás!

Acuérdate de que nos acabábamos de cambiar al teatro que tenía todo, desde sillas hasta equipo, así que decidimos vender lo que teníamos en la bodega y que no usaríamos por los próximos años. Ese mismo día encontré a alguien que me compró y pagó con dinero en efectivo las 400 sillas que teníamos; también vendimos los aires acondicionados, entre otros equipos.

Pusimos a la venta nuestros dos carros, y recuerdo que saliendo de un banco, habiendo firmado una documentación, en la puerta me encontré con alguien que me dijo: "Pastor, ¿está vendiendo su carro?, vi el letrero (¡lo acabábamos de poner 15 minutos atrás!)". Le dije: "¡Sí, claro!". Me dijo: "¡Se lo compro! ¿A dónde le transfiero los valores?".

Nunca había vendido un carro en 10 minutos. Entonces le dije: "Lléveselo de una vez"; pero la persona amablemente me dijo: "Luego me lo manda a dejar. No quiero que se quede sin carro". Vi que todo fluía, —hasta intenté hacer vender a mi suegra, ¡pero a ella sí me la devolvieron! (es broma)—. ¡Todo lo hicimos en 48 horas! Al sumar lo que vendimos, más lo que todos dimos aun más allá de nuestras posibilidades, logramos reunir los valores. Créeme, era imposible a nuestros ojos, pero con la ayuda de Dios y una determinación fuerte para conseguir el dinero (esto se llama valentía), lo logramos.

Recuerdo que mi suegra fue al banco a certificar el cheque, y faltando 10 minutos para que cerrara el banco, me llamó y me dijo: "¡Faltan 20 dólares todavía!". Cuando me dijo eso, yo de verdad ya iba a enloquecer, y le dije: "¡Voltéese en la fila y pida esos 20, pero consígalos! ¡No sé qué hizo, pero regresó con ese cheque listo! Logramos cumplir con lo ofrecido, se nos adjudicó el terreno, y fue así como se hizo el milagro.

Los milagros necesitan de hombres y mujeres valientes que estén dispuestos a ir adonde a otros les da miedo; que estén dispuestos a hablar lo que otros no dirían; que estén dispuestos a hacer lo que a otros les aterra. Solo así se provocan los más grandes milagros.

LOS VALIENTES PODEMOS CON MUCHO

Durante los procesos que han sucedido en mi vida, aprendí que sí podemos con más. La recompensa al buen trabajo es más trabajo. Cuando cumplimos y hacemos bien las cosas, seremos confiables para mayores cosas. Siempre le he enseñado a mi gente esta verdad. Cuando nos piden algo más de lo que hacemos, no lo veamos como una carga, sino como el resultado de volvernos confiables, de haber hecho bien lo primero que nos encomendaron.

Te digo, además: preocúpate cuando ya no te pidan nada, en ese momento sabrás que dejaste de ser útil. Aunque suene duro, es una verdad diaria. Tú no le quieres pedir nada a esa persona, porque es un problema, no lo hará bien, costará que termine las cosas, y a veces uno mismo termina haciendo el trabajo que se delegó. Las personas quieren lo mucho, pero no quieren enfrentar el desafío de lo mucho. Se quedan en: "Es que tengo mucho trabajo", "Es que tengo muchos deberes", "Tengo muchos problemas". Eso, sin embargo, es buena señal, porque demuestra que: ¡primero se trabaja lo mucho, para poder disfrutar de lo mucho!

SÉ VALIENTE Y NO SUELTES TU ESPADA.

¡Los guerreros valientes no sueltan la espada! Se mantienen peleando hasta el final, aunque nos quedemos solos, aunque los demás no lo hagan o no lo crean, aunque nos den la espalda. El valiente no depende de la fuerza de otros, no depende de si el grupo quiere o no. El rol del valiente es inspirar a los demás, darles fuerza. El valiente guerrero pelea las batallas no solo por él, sino por los demás. Cuando conquista un botín, lo reparte con otros; aun con los que no pelearon o se retiraron.

Si por un momento te pones a pensar, hoy tienes un botín en tus manos gracias a la valentía de alguien más. Si tienes familia, hermanos, una casa, estudios, una vida estable, es gracias a la valentía de tus padres, tu esposo, tus abuelos, que un día creyeron, sacaron sus espadas y pelearon sus batallas para tener lo que hoy disfrutas.

La casa en la que vives, alguien se atrevió a creer y construir ese lugar. Sea que la rentes o sea tuya, alguien más dijo: ¡La vamos a construir, no importa lo que cueste! La empresa donde hoy trabajas, alguien conquistó ese botín, abrió el camino, para hoy generar plazas de trabajo.

No se pueden acabar los valientes en nuestros tiempos. Todo botín, toda bendición, viene de Dios por las manos de un valiente que luchó, perseveró y no soltó su espada. Así que no sueltes tu espada, no te rindas, aunque estés solo e incluso te hayan dado la espalda. Hay un botín que te espera, hay una bendición que te está aguardando. Sé valiente y no sueltes tu espada.

LOS VALIENTES DEFENDEMOS HASTA LO MÁS PEQUEÑO

Cuenta la historia bíblica de una ocasión cuando el enemigo acérrimo del pueblo de Israel estaba atacando para conquistar su tierra. En una ocasión llegaron los filisteos hasta un pequeño cultivo de lentejas. Los israelitas, al ver el ejército agresor, dejaron el terreno lleno de lentejas y huyeron. Pero apareció un hombre llamado Sama, que se paró frente a ese terreno lleno de lentejas y lo defendió, matando así a todos los filisteos. Sama expuso su vida y no se dejó quitar ese pequeño terreno. Al leer esta historia reflexiono sobre la importancia de defender todo, hasta lo pequeño. A veces pensamos que el valiente es el que se mete a cosas grandes. Pero la valentía se evidencia en las pequeñas acciones, en los pequeños detalles.

EL MEJOR CRECIMIENTO ES EL GRADUAL, ES EL QUE VA DE ESCALÓN EN ESCALÓN.

Al final, la suma de lo pequeño hace lo grande: 10 es 10 veces 1, y 100 es 10 veces 10. Quien quiere ser valiente por 10, debió primero defender el 1. Dale valor a esas pequeñas cosas que hoy a lo mejor ya no defenderías. ¡Acuérdate que la experiencia en lo pequeño nos hace maestros en lo grande! Pequeños actos de valentía te volverán un gran guerrero.

El mejor crecimiento es el gradual, es el que va de escalón en escalón. Si aprendemos la valentía de escalón en escalón, de prueba en prueba, de terrenos pequeños a terrenos grandes, seremos grandes guerreros que no sueltan su espada.

Sama fue considerado como un valiente por defender ese pequeño terreno de lentejas. ¿Por qué empezarás tú hoy?

LOS MILAGROS NECESITAN DE HOMBRES Y MUJERES VALIENTES, QUE ESTÉN DISPUESTOS A IR ADONDE A OTROS LES DA MIEDO IR; QUE ESTÉN DISPUESTOS A HABLAR LO QUE OTROS NO DIRÍAN; QUE ESTÉN DISPUESTOS A HACER LO QUE A OTROS LES ATERRA.

11

UN ESPÍRITU FERVIENTE Y ALEGRE

Era miércoles por la noche, y esperaba que Carla terminara de acostar a nuestros hijos. No sé cuántos padres de hijos pequeños se sientan identificados con esto, pero uno empieza a vivir cuando ellos ya duermen. Así han sido la mayoría de nuestros años de casados, ya que hemos pasado unos 15 años de matrimonio por la crianza de hijos pequeños, y todavía seguimos. Hoy nuestro último hijo, Carlos David, tiene 5 años, así que todavía vamos para largo.

Esa noche, ya acostados para descansar, Carla me pidió revisar mi correo electrónico porque necesitaba un código bancario que debía llegarle. Al abrir mi correo, no me encontré con ese email, sino con uno que hacía tres meses estaba esperando. Lo abrí prácticamente a la media noche, y para mi sorpresa me encontré con la respuesta que menos esperaba.

¿Te han pasado esos momentos inoportunos donde recibes una mala noticia? Bueno, me puse mal, me sudaba la frente, las axilas, y hasta me recorría por el cuerpo una corriente fría. Carla me notó diferente, me preguntó si me pasaba algo y preferí no compartírselo sino hasta la mañana siguiente. No tenía sentido que dos no durmiéramos con la misma preocupación.

Ella durmió y yo me quedé con mi sudor, la corriente y el correo que leí una y otra vez. Me puse a orar, lo hice con todo mi corazón, pedí ayuda a Dios, y pensaba en las múltiples soluciones que podría darle al problema. Algo que esa noche empecé a hacer fue a darme a mí mismo el ánimo de que todo al final saldría bien. Empecé a recordar promesas de Dios para mi vida y a alegrar mi espíritu aquella noche oscura.

Te soy sincero; no era sencillo ni tampoco quería hacerlo, pero entendía que era necesario. No me podía dejar caer, no podía rendirme al desánimo, así que peleé esa noche por mantenerme animado. Finalmente, el sueño me venció.

Para aquellos que desesperadamente quieren saber qué me estaba sucediendo, se los voy a contar. Dentro de los planes que teníamos estaba mover a todo nuestro equipo administrativo a un nuevo lugar para hacer oficinas. Pero la pandemia vino a estancar varios planes, y este fue uno de ellos. Mi deseo era poder darles un lugar agradable y cómodo a un equipo de hombres y mujeres extraordinarios que hacen posible que grandes cosas sucedan en todo lo que hacemos, desde la iglesia, la fundación, nuestro programa de capacitación, nuestra librería, entre otros, pero por la pandemia tuvimos que posponer todo.

Había escrito un correo a la administración del barrio donde está la casa donde todo comenzó, solicitando el permiso para trasladar nuestras oficinas a esa misma casa, primero la iglesia, y luego las oficinas. Me habían dado una respuesta verbal positiva, pero decidí pedirla por escrito también. Ya en el directorio de la organización se había aprobado, lo habíamos comunicado al personal, todos estábamos con la expectativa de ir a ese lugar cómodo y emblemático. Aceptaron porque yo sabía que era posible después de la primera respuesta verbal que había recibido. Para el día que recibí el correo electrónico, ya estaba programada la mudanza, se habían hecho unos cambios necesarios para funcionar allí y faltaban pocos días para mudarnos.

Fui yo quien había dado mi palabra de que esto era posible. El problema mayor era que el equipo debía mudarse en los próximos días porque ya no podíamos seguir en los espacios reducidos donde trabajábamos. Esa noche en el correo recibí un elegante y no comprometedor mensaje, donde entendí que no podíamos hacerlo.

Al amanecer, después de contárselo a Carla, diligentemente salí a resolver la situación. Me reuní con quien debía; no saqué nada bueno de esa reunión, solo la misma respuesta que ya me habían escrito. Dejé de intentar ahí y tomé la decisión de creer por algo mayor y mejor. Debíamos encontrar algo en las siguientes horas que ya estuviera listo para cambiarnos, donde pudiera caber todo el equipo y con los espacios necesarios.

¡En las próximas horas de ese mismo día, una nueva puerta se abrió! Encontramos una oficina que una gran empresa acababa de devolver a sus arrendadores, dejando todo su mobiliario. Al entrar, sentía tan claro cómo Dios respondía a nuestra necesidad al ver que los espacios estaban distribuidos como si hubiera sido diseñado para nosotros. Solo necesitábamos informarles a todos el nuevo lugar, y mudarnos inmediatamente según la agenda prevista desde un principio.

Durante todo este tiempo estuve llenando mis pensamientos de esta realidad: ¡un espíritu alegre! ¡Meterle ganas a lo que estaba viviendo y creer que tendríamos una solución!

DEBES CUIDAR TU ENTUSIASMO PARA PODER SEGUIR CRECIENDO.

Qué importante es el ánimo para dar pasos de crecimiento en la vida, donde a veces nos cierran puertas muy esperadas, pero luego se nos abren puertas sorprendentes.

Para crecer nos tenemos que estar animando los unos a los otros, y especialmente uno mismo. Siempre digo: el diligente necesita estar animado, porque si pierde mucho el ánimo, se pierde todo. El que no hace nada y todavía se desanima, pues le hace mal, pero no hace tanto daño como un diligente sin ánimo.

Cuando la pandemia nos llevó al tiempo de confinamiento y todos nos quedamos en casa, recuerdo que me puse a orar y le decía a Dios: "Háblame en medio de esto, ¡dame dirección sobre lo que debemos hacer!". La respuesta de Dios a mi corazón fue: "¡Te quiero contento!". Te voy a ser sincero: salí un poco frustrado de ese tiempo de oración. Pensé recibir una revelación a mi parecer más profunda, tener una dirección más clara de cómo hacer con todo lo que teníamos sobre nuestros hombros durante ese tiempo de encierro. ¡Pero recibí una de las direcciones más poderosas que me han sostenido en los tiempos más difíciles y que me han impulsado a crecer aun cuando otros no crecen!, y fue: ¡tener un espíritu ferviente, un espíritu alegre!

Un espíritu ferviente significa un sentimiento intenso de entusiasmo y admiración hacia algo o hacia una persona. La persona que emprende, la persona diligente, la que desea crecer necesita estar acompañado de este sentimiento que abraza el entusiasmo y la admiración. Quien pierde el entusiasmo en lo que hace ya tiene sus días contados en ese lugar o en esa actividad. Cuánta gente diligente, esforzada, paró en lo que hacía debido al desánimo. Luego vienen frases como: "Es que ya no tengo las mismas ganas", "Es que ya no siento como antes", "Ya no me emociona".

Debes cuidar tu entusiasmo para poder seguir creciendo. Nadie quiere un jefe que, aunque tenga conocimiento en lo que hace, sea un completo desánimo para la organización. Es más, si te pones a pensar, el día que te contrataron en tu trabajo o en tu primer trabajo, probablemente no tenías todo el conocimiento, ni el ánimo o el entusiasmo para el puesto. Seguro, aunque no sabías todo, en el camino fuiste aprendiendo, y lo que influyó mucho en tu contratación fue el entusiasmo por trabajar y colaborar en la empresa. Al final, ese entusiasmo te ha permitido abrir puertas que te han ayudado a crecer. ¡No lo pierdas!

Un espíritu ferviente también significa admiración. Donde no hay admiración, se pierde el valor, y lo que no se valora se termina perdiendo. Y lo que se pierde, ya no está en tus manos la posibilidad de hacerlo crecer. No dejes de admirar lo que haces ni a las personas que tienes a tu lado. Cuídate de que la familiaridad que podamos tener los unos con los otros no te robe el valor de crecer. No dejes de admirar aquello debido a la cercanía.

Por ejemplo, en tu matrimonio, por muy cercano que seas con tu pareja, no permitas que la costumbre los lleve a dejar de admirarse el uno al otro o por las cosas que han vivido.

Recuerda que donde no hay admiración se pierde el valor. Hoy podrías ya no estar valorando a tu pareja porque ya te acostumbraste a ella, y lo que un día te admiraba, hoy lo das por sentado porque así es ella o él. Entonces, cuidado, porque otros de fuera miran con admiración y entusiasmo y reconocen lo bueno de tu cónyuge, y es cuando se corre el peligro de que empiecen a crecer sentimientos equivocados en alguien.

Es tiempo de mirar a nuestro alrededor y preparar un terreno para crecer como nunca antes lo hemos hecho. Que puedas crecer en tu vida personal, reconociéndote, animándote a ti mismo; que puedas crecer en casa, valorando así a quienes tienes cerca; o a lo mejor te debas reconciliar con tu actividad diaria, la que ya no te gusta hacer, a la que le tomaste fastidio, pero que hoy te debe volver a entusiasmar y dejarte admirar por ella.

Me llama mucho la atención que Jesús en varias ocasiones (por no decir en muchas), estando en la tierra les dijo a otros estas palabras: "Ten ánimo". Siempre se lo dijo a personas activas, diligentes, esforzadas. En una ocasión, un hombre paralítico era llevado por sus cuatro amigos hasta donde estaba predicando Jesús, en una casa y al llegar se dieron cuenta que no había espacio adentro. La gente no cabía por la puerta. Pero ellos en vez de frenarse por la multitud, decidieron subir a su amigo hasta el techo, y hacer un hueco por donde lo bajaron en plena reunión donde Jesús enseñaba. Al ver Jesús a este hombre con sus amigos, lo primero que le dijo fue: "Ten ánimo".

Si Jesús le pide ánimo a un hombre impedido de caminar, que lo bajaron delante de un montón de gente, probablemente avergonzado por interrumpir, no me digas que no te puedo pedir a ti que tengas ánimo en este tiempo. Luego de pedirle ánimo, ocurrió el milagro de su sanidad; ¡el paralítico salió de ese lugar caminando! Jesús se interesa por la gente que hace cosas extraordinarias, que van más allá, que hacen lo que sea por salir adelante. Y pensando en toda la pena y vergüenza que debió haber sentido este joven, Jesús primero lo animó (ver Marcos 2:3-6).

EL ÁNIMO ES UNA LLAVE QUE ABRE LAS PUERTAS DE LOS MILAGROS.

Más adelante, me encuentro con otra historia de una mujer que había estado enferma con un flujo de sangre continuo por más de 12 años. Dice la historia que había gastado todo lo que tenía en médicos, pero que nada le había resultado. Ella decidió creer que si lograba tocar aunque fuera el borde del manto de Jesús, quedaría sana. Pero tenía un problema, porque una mujer enferma durante su período menstrual debía estar alejada de los demás ya que era considerado un tiempo de impureza; lo que una mujer tocara durante su menstruación quedaba impuro.

Esta mujer decidió ir entre la multitud que Jesús tenía a su alrededor, que de una u otra forma le impedía llegar a Él, y se las ingenió para hacerlo. Finalmente logró tocar el manto y a Jesús. Al saber que poder había salido de Él, Jesús se volteó y le dijo a la mujer: "Ten ánimo". Esta mujer había sido sana, pero se había arriesgado de caminar entre la multitud y había tocado a Jesús bajo esa condición de impureza. Aunque ya había quedado sana, cargaría con la culpa de haber tocado al Maestro bajo su condición.

Jesús, a esta mujer diligente y esforzada que buscaba una mejor vida para ella, y por ende para su familia, le recuerda la importancia de tener ánimo. Yo no sé qué situación puedas estar atravesando mientras lees estas líneas, pero sí sé que si tu deseo es salir adelante y superarte después de esa pérdida, o de la enfermedad que estás pasando, o de una relación que fracasó, incluso de un quebrantamiento económico, ¡estas palabras son para ti! ¡Necesitas ánimo! Porque el ánimo es una llave que abre las puertas de los milagros.

Te quiero compartir una última historia. Jesús mandó a sus discípulos en la barca hasta el otro lado de la ribera. Él quedó en tierra y sus discípulos se fueron. De repente, cayó una tormenta tan fuerte y los vientos eran tan contrarios que los discípulos remaban y remaban, pero no conseguían avanzar. Narra la historia que Jesús se les apareció en medio de las aguas. Ellos se asustaron aún más pensando que Jesús era un fantasma. La historia dice: *Y viéndolos remar con gran fatiga… les dijo: Tened ánimo* (Marcos 6:48-50). Las personas que estamos tratando de salir adelante remamos y remamos, pero también nos fatigamos. Me encanta que en esta historia fue Jesús quien vio su cansancio. Podría ser que nadie más esté pendiente de tu fatiga, solo de que remes y remes. A estos discípulos que le vieron y no se rindieron, Jesús lo primero que les dijo fue: "¡Tengan ánimo!".

Porque Jesús sabe que un hombre o una mujer esforzados, diligentes, no pueden darse el lujo de perder su entusiasmo y su admiración. ¡Si uno de ellos pierde el ánimo, muchos perderían! Por eso, mientras lees estas historias, estoy seguro de que sentirás la necesidad de volverte a levantar. Si paras y te entierras en el desánimo, muchos perderían. Hoy debemos juntos aprender esta lección y cuidarnos de tener en nosotros un espíritu ferviente.

SI ESTÁS CANSADO DE REMAR Y SIENTES FATIGA, HOY ES TU DÍA DE VOLVER A RECUPERAR EL ÁNIMO PARA SEGUIR.

12

CUÍDATE DE LA PEREZA Y DE TENER ANTES DE SER

Hay un dicho muy común que suena frecuentemente y es este: "Del dicho al hecho hay mucho trecho". Muchas veces los sueños quedan en planes, quedan las libretas llenas de apuntes, o se vuelven solo un dicho que nunca se llega a realizar. Suele también suceder que muchas veces empezamos algo, pero no lo terminamos.

LA PEREZA

Entre el dicho y el hecho hay un enemigo del crecimiento: la pereza. No podemos pasar la vida solo en propuestas, en planes trazados, incluso en palabras bonitas sin llegar a nada. Ahí no está el crecimiento. *En toda labor hay fruto, mas las vanas palabras de los labios empobrecen* (Proverbios 14:23). El crecimiento se mide por el fruto, no por las palabras, y quedarse solo en ellas puede definitivamente llevarnos a pobreza.

Un poco de sueño, un poco de dormitar, y cruzar por un poco las manos para reposo, así vendrá tu necesidad como caminante, y tu pobreza como hombre armado
(Proverbios 6:10-11)

La pereza atacará para que no comiences. Te va a entretener con los sueños. Así logrará adormecerte y cruzarás los brazos para reposar. Hay quienes no empiezan y ya están cansados.

Mete el perezoso su mano en el plato; se cansa de llevarla a su boca. (Proverbios 26:15-16)

La pereza te atacará para que nunca termines. Ten cuidado, porque una de las excusas que tenemos para esto es: "Déjame, voy a mi ritmo". Pero realmente no es nuestro ritmo, sino un ritmo dictado por la pereza. Y nos escudamos en eso de que "Así soy", pero esto es falso. La pereza es la que nos engaña haciéndonos pensar que vamos a un buen paso, pero solo es alargar el tiempo hasta agotarnos de tal forma que nunca terminemos.

El perezoso no ara a causa del invierno, prefiere pedir".
(Proverbios 20:4)

La pereza siempre preferirá el camino más fácil. El invierno es una temporada difícil, los días son oscuros, hace mucho frío y entonces la pereza prefiere pedir. Cuidado, porque siempre tendremos presente esta tentación: escoger el camino más fácil, pero que sea fácil no significa que sea correcto. La mayor parte de las veces el camino fácil se vuelve más corto, pero casi siempre es más peligroso. Es aquí donde entra en juego la ley del menor esfuerzo. Pensamos que entre menos esfuerzo entregamos, más ganamos, pero al final, esto es un engaño.

Debemos crecer conscientes de este enemigo que constantemente estará tentando estancar nuestro crecimiento. Podría ser que hoy te des cuenta de que no has logrado empezar, o que ya empezaste, pero no logras concluir o has decidido ir por el camino más sencillo ante tus ojos, pero en realidad es el más peligroso para tu futuro. ¡Toma decisiones este día y decide crecer!

EL CAMINO FÁCIL SE VUELVE MÁS CORTO, PERO CASI SIEMPRE ES MÁS PELIGROSO.

SOMOS, LUEGO TENEMOS

Cuando adquirimos compromiso garantizamos el crecimiento, pero con el pasar del tiempo y en la medida que vamos creciendo debemos escoger un camino: ¿Quiero ser o quiero tener?

Permíteme explicarte un principio poderoso a través de una discusión muy común que sucede en tiempos de crecimiento. Estaban conversando y discutiendo los discípulos de Jesús sobre quién sería el mayor de ellos cuando su líder, Jesús, ya no estuviera con ellos. Entre las diversas opiniones, Jesús intervino y les dijo: *Los reyes de las naciones se enseñorean de ellas, y los que sobre ellas tienen autoridad son llamados bienhechores, mas no así vosotros* (Lucas 22:25).

Hay un sistema tradicional donde los reyes se sirven de las naciones y se les llama bienhechores, porque tienen autoridad. Todo parte aquí por lo que se tiene. Al tener algo, en este caso autoridad, entonces ya se les nombra, ya se les da un título. Es decir, son por lo que tienen. Así elige vivir la mayoría de nuestra sociedad.

En un mundo consumista, caemos en esta propuesta: trabajar tan duro por el hecho de llegar a tener, porque el tener nos da un nombre, una posición, ya se dirigen a nosotros de alguna forma agradable, ya nos ponen atención. Y así se la pasa nuestra sociedad, haciendo todo lo posible e incluso lo que está fuera del alcance de sus manos por llegar primordialmente a tener.

Por el hecho de tener autoridad, o tener una posición, ya tenemos un nombre, y así pensamos: si tenemos dinero, si tenemos el cargo, si tenemos el apellido, ya somos. Pero lo que sucede es que llegar a tener no terminará de saciar una necesidad interior de nuestro ser. Hoy está comprobado que no hay crecimiento que pueda saciar al hombre. Nuestra naturaleza humana siempre querrá más y deseará más de lo que tiene. Este es un modelo donde todo se centra en el tener.

Jesús les siguió hablando; les dijo: *Mas no así vosotros, sino sea el mayor entre vosotros como el más joven, y el que dirige, como el que sirve* (Lucas 22:26). Este sistema del cual habla Jesús se trata del ser, antes del tener. Al que le toque SER el mayor, SEA como el joven. Primero se es, luego se tiene. No se tiene para ser; se es para tener.

CRECE POR QUIÉN ERES Y NO POR LO QUE TIENES.

Fíjate que al que sería el mayor le dio el ejemplo de ser como el joven. Déjame ponerte este ejemplo. Si en una reunión a una persona mayor de edad se le caen unas hojas al piso, y a la par hay un joven, ¿qué se esperaría de este joven? Que se agache y levante las hojas, ¿no es así? O si en la misma reunión solo hay una silla desocupada, se esperaría que el joven la cediera a alguien mayor. Lo podemos entender así al ver lo que se espera del que dirige: que sea el servidor. Quiere decir que cuando hablamos de quién es mayor, hablamos de ser antes de tener.

Se espera una actitud antes que una posición. Quien sea el mayor, jamás debe perder la actitud de servicio. El crecer a mayores niveles no nos puede robar la esencia de quiénes somos. Por muy alta la posición que lleguemos a tener, debemos mantener dentro de nosotros a ese joven servidor que está listo para ayudar a los demás.

Después de hablar esto, Jesús soltó una pregunta: *Porque, ¿cuál es mayor, el que se sienta a la mesa, o el que sirve? ¿No es el que se sienta a la mesa? Mas yo estoy entre vosotros como el que sirve* (Lucas 22:27). Todos naturalmente responderíamos que el mayor es el que está sentado a la mesa, pero Jesús, que era el mayor de ellos, está sirviendo entre ellos. Esto nos deja una gran lección: ser el mayor no se trata de sillas o "posiciones" donde podamos estar, sino de las actitudes que debemos tener.

Lo que nos hace grandes es una actitud correcta de servir siempre a los demás. No importa qué tan alto llegues, jamás olvides que primero se es y luego se tiene. Las cosas no hacen a las personas, nosotros hacemos a las cosas. No es el lugar que ocupo, sino mi actitud en el lugar que ocupo lo que me hace grande. Que el rey sea como el joven y el dirigente como el servidor. Ser mayor no se trata de puestos, sino de actitudes.

Te animo a escoger. ¿Cuál sistema para crecer quieres tomar? La mayoría de las personas ignoran el camino del ser, sino que afanados por una presión social viven sumergidos en el camino del tener. Para crecer y no perder la esencia que te llevó a ser grande, crece por quién eres y no por lo que tienes. Que el ser te lleve al tener, y que el ser sea un activo de bien para ti y quienes te rodean.

LO QUE NOS HACE GRANDES ES UNA ACTITUD CORRECTA DE SERVIR SIEMPRE A LOS DEMÁS.

13

EL ARTE DE CRECER

Todo el mundo funciona en un perfecto balance. Existen el día y la noche, el frío y el calor, la luna y el sol, la siembra y la cosecha, así todo fue creado para que hubiera armonía para vivir. De la misma forma, para crecer necesitamos un sano balance al que yo llamo "Cantar como paloma, pero picar como serpiente". Es la mezcla perfecta entre la sencillez de una paloma y la astucia de la serpiente. No podemos ser solo paloma, así como tampoco podemos ser solo serpiente. Si solo somos paloma, nunca encontraremos una oportunidad sin riesgo para avanzar. Si solo somos serpiente, siempre estaremos expuestos al peligro en medio de la astucia. Aquí es donde encontramos un sano balance, al cual llamo el arte de crecer.

Las palomas se caracterizan por su sencillez. Son de tamaño pequeño y hasta mediano, de colores neutrales, sin llamar mucho la atención. Pero que sea sencillo no significa que sea simple. Muchas veces confundimos lo sencillo con la simpleza. Lo simple es lo que carece de valor. El simple es el que no tiene fundamento, carece de valores y de moral, cambia dependiendo de donde se encuentre.

Sin embargo, las palomas tienen características deslumbrantes. Ellas mantienen un gran sentido de la orientación. Esta es una virtud de la sencillez: no perder el norte de quiénes somos, de dónde venimos y hacia dónde vamos. Muchas veces el crecimiento que nos abre la puerta para tener poder se vuelve una tentación que nos termina desorientando. El poder puede llegar a producir mareos en nuestra identidad, en nuestra ubicación. Es por eso que, para crecer, debemos ser sencillos como palomas y mantenernos ubicados en la ruta correcta.

Otra gran característica es que es una de las aves que más rápido vuela llega a alcanzar hasta 56 km/h. De manera que no confundamos sencillez con lentitud. En la vida muchas cosas suceden al que primero lo hace. Hay quienes lo hacen y otros que lo ven hacer, y esto va a depender del ritmo con que se hagan las cosas. Muchos han confundido la sencillez con lentitud, y esto es otro error. La misma Biblia nos enseña este principio: *¿No sabéis que los que corren en el estadio, todos a la verdad corren, pero uno solo se lleva el premio? Corred de tal manera que lo obtengáis* (1 Corintios 9:24). Quiere decir que no se trata solo de correr en la vida, sino de llegar, de llegar por el premio. Ser sencillo debe volverte más ligero para tus carreras en la vida, te dará ventaja para llegar primero. Vayamos por la vida sin un montón de peso innecesario que nos vuelve más lentos.

Una tercera característica de la paloma es que tiene gran visión, puede llegar a ver hasta 40 kilómetros de distancia. Muchas veces se confunde el ser sencillo con ser menso, y son dos cosas completamente distintas. Las palomas no tienen nada de mensas, por el contrario, ¡son visionarias! Ser un visionario y ver a muchos años de distancia te podría hacer parecer un poco lento en tu presente.

Yo aprendí que es mejor sacrificar el hoy, para generar un gran mañana. Si tienes una visión, que esta sea de largo plazo. ¡No comprometas el largo plazo por tener placer a corto plazo! Muchos sacrifican su largo plazo por querer vivir solo en el corto. Aprendamos de la paloma a tener visión a la distancia. Es mejor sacrificar el corto plazo para garantizar el bienestar a largo plazo. Es ahí donde nos tildan de mensos, al no "disfrutar la vida", y nos dicen "vive el hoy", "la vida es hoy".

Durante los años de crecimiento aprendí esta lección: manso es poder bajo control, y menso es poder sin control. ¡Tú eliges cómo quieres crecer!

Crecer en un sano balance es ser sencillo como la paloma, lo que yo llamo "Canta como paloma". Ahí nos miran y dicen: "¡Ay qué lindo! ¡Qué tranquilo el jovencito!

¡Qué tranquila es esta persona!". Pero el balance está en picar como serpiente. No nos podemos quedar solo en el modo palomo, debemos ser astutos como la serpiente.

ES MEJOR SACRIFICAR EL HOY, PARA GENERAR UN GRAN MAÑANA.

Las serpientes son animales realmente asombrosos. Han aprendido a sobrevivir y multiplicarse de una manera extraordinaria. Casi en todas partes encontraremos serpientes. Aquí es necesario tomar en consideración la característica que Jesús resaltó de ellas: su astucia.

Astucia es la habilidad para comprender las cosas y obtener provecho o beneficio mediante engaños o evitándolos. Al ver este significado entendemos por qué la astucia se asocia con lo malo, porque es la habilidad para obtener un bien sin importar cómo, aun usando el engaño. Pero, así como se le usa a través del engaño, también se es astuto al sacar un provecho sin usar el engaño. Esta es la parte que nos corresponde. Debemos ser astutos para sacar provecho de la situación de una manera honesta y transparente, sin engaño. Eso se puede, es correcto y bíblico.

En una ocasión dijo Jesús: *Los hijos de este siglo son más sagaces [...] que los hijos de luz"* (Lucas 16:8). Se requiere de más astucia para obtener un fin bajo engaño, que sin él. Pero deberíamos los hijos de la luz ser más astutos que ellos, obteniendo el beneficio sin engaño.

¡Para obtener el beneficio, uno debe aprender de la serpiente su prudencia! Cuando ella va a tomar su presa o se siente atacada, no se desespera, sino que opera con mucha prudencia. No se deja llevar por la angustia, sino que realiza muy bien sus cálculos. Si hay algo que aprender de la serpiente es su paciencia para saber cuándo debe atacar a su presa.

También se considera astuta a la serpiente por su habilidad para poder funcionar en todo tipo de ambientes, en la tierra, el mar, en agua dulce e incluso en el aire. Su adaptabilidad es digna de imitar; ver cómo a pesar de todas las probabilidades en su contra, las serpientes son capaces de vivir, comer y hasta de multiplicarse.

Esta unión es lo que llamo "el arte de crecer": poder combinar la sencillez de una paloma con la astucia de la serpiente. Saber en qué momento solo cantar, y también en qué momento picar. Imagina una unión donde tenemos el cuerpo de serpiente y la cabeza de paloma. Aunque suene y se vea extraño, es el balance correcto para crecer. Canta como paloma, pero pica como serpiente.

14

LA FÓRMULA DEL CRECIMIENTO: TALENTOS + GRACIA

Todos nacemos con talentos que a medida que pasa el tiempo vamos descubriendo en nuestras vidas. Es el momento cuando empezamos a descubrir para qué somos buenos. Muchos de ellos aparecen de una forma innata. Desde temprana edad podemos ver la inclinación hacia ellos, y con naturalidad y un poco de esfuerzo fluimos en ellos.

El talento es una especial capacidad natural que existe para desempeñar una determinada actividad o tarea con habilidad y eficacia. Tiene que ver con aptitudes e inteligencia, algo que puede ser heredado o aprendido. Existen tres tipos de talentos más comunes.

LOS TALENTOS NATURALES

En casa, mi hija mayor Emilia tiene un talento que heredó de la mamá. Tienen en sus manos una destreza para hacer letras a mano (*hand lettering*). Parecen letras hechas por computadora, pero no lo son; son iguales a la letra de la mamá. Es un arte digno de admirar, y mi escritura, por más que yo intente otra cosa, parece receta de médico. Emilia, definitivamente, lo heredó de su mamá y no de mí.

Estos son talentos que fluyen sin mucho esfuerzo y de una forma natural. ¿Qué cosas son las que naturalmente haces bien y sencillamente fluyes? ¡Ahí hay un talento!

LOS TALENTOS OCULTOS

Estos son talentos que la persona no ha percibido en sí misma. No somos conscientes nosotros mismos de tener esa habilidad, y con el tiempo y ayuda de otros y circunstancias específicas los encontramos. Por ejemplo, muchas veces me preguntan dónde estudié comunicación. La verdad es que yo no estudié eso. Yo estudié administración de empresas con mención en negocios internacionales, y además estudié teología, pero nunca comunicación, y esto para muchos es difícil de creer. ¡Este era un talento que estaba oculto en mí, y créeme, bien oculto!

Siempre fui despierto y activo, pero no me gustaba hablar en público. Era muy tímido y me ponía demasiado nervioso a la hora de tener que dar un discurso frente al salón de mi clase en el colegio. Súmale a eso que era un niño miedoso. Pero hoy no soy nada de lo que fui de niño.

Sigo sintiendo los nervios naturales a la hora de hablar frente a las personas,. pero no puedo negar que cuando estoy enseñando, estoy en lo mío. Lo disfruto mucho y le suelo decir a mi esposa: "Creo que nací para esto". Lo que tengo es un talento, un regalo de Dios que estuvo oculto, pero en su tiempo despertó.

Esos talentos hay que despertarlos. No salen naturalmente, debemos provocarlos. Cuando conocí a Jesús como mi Salvador personal y me apasioné por compartir sobre su amor, recuerdo bien que empecé a fluir en ese talento de la enseñanza y la comunicación, aunque todavía estaba oculto para los demás.

Muy seguido, mientras tomaba mi ducha diaria, eran mis tiempos de comunicador. Me ponía a predicar a cada baldosa que había dentro de mi baño, simulando que eran personas. Sin saber, practicaba principios de comunicación que no conocía, pero que llevaba por dentro. Practicaba el contacto visual, miraba fijamente cada baldosa como si observara directo a los ojos de alguien más. Mis tonos a la hora de hablar no eran lineales, sino que tenían sus picos altos y bajos.

Poco a poco fui desarrollando esa pasión por hablar de Jesús, obligando a despertar un talento que Él mismo me había dado. Esos entrenamientos duraban hasta que mi mamá me gritaba: "¡Carlos, hasta qué hora te bañas! ¡Se gasta el agua!" ... o sencillamente hasta que se acababa el agua caliente. ¡Eso era señal de que la reunión se había acabado y terminaba mi predicación!

Todo lo que ocurre en la intimidad se revela en lo público. Es por eso que hay que tener mucho cuidado de lo que sucede tras la puerta cerrada de tu cuarto, tu baño, incluso la puerta de corazón, donde nadie más ve. ¡Porque recuerda que lo que se forma por dentro, se revela por fuera!

Lo que sucedió en lo oculto, un día empezó a suceder en lo público. Mis primeras oportunidades fueron a mis 13 años como maestro de niños en la iglesia. Aquellas baldosas empezaron a tener nombres, a convertirse en diferentes audiencias, desde niños, jóvenes, adultos, incluso mayores. Con el tiempo, esas baldosas se volvieron internacionales, prestándome Dios los oídos de muchos alrededores en varios países. Hoy me ha prestado tus ojos, querido lector, para que a través de estas líneas escritas con el corazón puedas llegar a crecer y desarrollarte con todos los talentos que Dios también te ha regalado a ti. Recuerda que todo esto empezó con un talento oculto, que un día salió a la luz.

LO QUE SE FORMA POR DENTRO, SE REVELA POR FUERA.

LOS TALENTOS POTENCIALES

Aquí están todas las habilidades que sabemos o sospechamos que tenemos, pero que todavía no hemos explorado. A lo mejor leyendo este capítulo te has sentido identificado de alguna manera, y sabes que tú también tienes esa destreza, pero lo has dejado hasta ahí, solo en saber que la tienes. Este es el tiempo de decidir explorar ese talento y no dejarlo escondido, porque los talentos no son para esconderlos, sino para usarlos y multiplicarlos.

¿Te acuerdas de la historia que te conté respecto de los talentos? El que había recibido un talento lo escondió, y al devolverlo al dueño de los talentos fue expuesto en sus miedos y terminó sin nada. Le pasó el tiempo y nunca exploró su talento; solo mantuvo un talento potencial. Él tenía sus razones por las que no lo hizo. Tal vez tú tengas tus propias razones para no explorar tu talento y podrían sonar convincentes, pero el resultado será el mismo. El que no usa su talento, la oportunidad le será quitada y le será dada a otro.

Creo firmemente que todos tenemos las oportunidades para avanzar y crecer. Si no fuera así, yo no hubiera escogido este tema para escribir mi primer libro. Creo que la oportunidad va de generación en generación, es decir, ya está dada, pero es responsabilidad de cada generación saber tomarla.

Así que ¡deja de lado los temores y usa el talento que te dieron, explóralo, explótalo y sácale el mejor resultado!

Los talentos se activan en medio de una necesidad; deben ser provocados. Mira a tu alrededor y te darás cuenta de que la temporada que vives no es para esconderte, sino para que lo escondido dentro de ti pueda brillar. Te invito a desempolvar tus talentos, gastarlos y usarlos. Son para darte vida y crecimiento.

TALENTO + GRACIA = CRECIMIENTO EXPONENCIAL

Esta es la primera parte de la fórmula, usar tus talentos. ¡El talento mezclado con gracia, trae un crecimiento exponencial! Hablar de gracia es algo completamente opuesto al talento, aunque provienen de la misma fuente. Mientras el talento tiene que ver con lo que uno puede hacer, la gracia no opera por lo que yo puedo hacer, si no, ya no sería gracia.

¡EL TALENTO MEZCLADO CON GRACIA TRAE UN CRECIMIENTO EXPONENCIAL!

Gracia significa favor o beneficio que se recibe sin ningún tipo de merecimiento. Esto tiene que ver con volver a alguien o algo agradable, armonioso o atractivo. Es aquí donde salen las frases: "Tiene una gracia especial", o "Algo tiene esta persona que es bien agradable", "Algo tiene que lo hace atractivo". Nada hacemos para merecer esa gracia, es un regalo de Dios. Tanto la gracia como el talento vienen de Él. La diferencia está en que el talento lo trabajo yo y la gracia no, ¡sencillamente la tenemos!

Cuando llegamos a conocer a Jesús, no como una religión, sino en una relación, logramos entender esto mejor y fluimos en esa gracia no merecida, pero que nos ha sido entregada por el gran amor con el que nos ama Dios. Podemos usar esa gracia, podemos beneficiarnos de ese favor que viene de Dios que está en nosotros. Esa gracia es la que nos hace sobresalir, la que nos permite destacarnos más allá de lo que naturalmente lo podrían hacer nuestros talentos.

LA GRACIA OPERA SOBRE NUESTRAS FALTAS Y ERRORES.

¡No solo con talentos se abren las grandes puertas, sino con gracia! ¿Has visto cuántos talentosos hay en la calle, o cuántos talentosos hay sin trabajo, o que no han triunfado? Esto nos debe hacer recapacitar de que no solo se trata de lo que yo puedo hacer. Nuestras fuerzas, nuestros talentos son limitados. Puedes crecer con base en puro talento, pura fuerza, pero llegarás a un límite. Si quieres ir más allá, si deseas trascender, deberás hacer uso de la gracia que Dios nos da.

He escuchado frases como: "Sí tiene el talento, pero hay algo que no me gusta". Y la verdad es esta: todos tenemos talentos, pero todos tenemos también fallas y cosas que no gustan a los demás. Sin embargo, la gracia opera sobre nuestras faltas y errores. Es como un manto que viene sobre nuestras imperfecciones y nos hace lucir atractivos. Con esto no te digo que no se ven nuestros errores, o que nos volvemos perfectos. Nada que ver. Sino que la gracia de Dios es más visible y atractiva que nuestras imperfecciones.

LA GRACIA ABRE PUERTAS QUE EL TALENTO NO PUEDE ABRIR

El día que las puertas de la televisión a nivel nacional e internacional se abrieron en mi vida, entendí mucho mejor esta fórmula. Entiendo que para estar en televisión definitivamente se necesita talento. Lo que el talento no puede hacer es mantenerse en vivo y en directo durante 45 minutos de corrido, sin cortes comerciales, compartiendo un mensaje de esperanza y vida en el programa de mayor sintonía en su categoría. ¡Eso no lo logra el talento, lo hace la gracia! El talento te podrá llevar a la televisión, pero solo la gracia te mantendrá de pie.

Puedo confesar que al minuto 30 de estar al aire ya terminé todo lo que tenía que decir, pero hay una gracia en el estudio tan especial y agradable que nadie se quiere desconectar, de manera que todos queremos seguir en ese ambiente de armonía, agradable y atractivo, oyendo un mensaje transformador. ¡Bendito sea Dios! En nuestro país eso no había sucedido antes. Pero eso no lo puede hacer el hombre, solo la gracia de Dios sobre nuestras vidas. Cuando logramos entender esto, que no se trata de nosotros, ni solamente de nuestro talento, sino que dependemos de una gracia que Dios nos da, ¡todo se vuelve exponencial!

¡En medio de tus talentos, dale lugar a la gracia! En tus actividades, a lo que te dediques, donde operen tus talentos, ahí dale lugar a la gracia de Dios. No tienes nada que pagar para merecerla. Jesús dio su vida por ti para perdonar nuestros errores, librarnos del castigo eterno y darnos acceso a su gracia. Te puedes acercar confiadamente a Él y su gracia te abrazará por completo.

> *El justo florecerá como la palmera;*
> *crecerá como árbol fino.*
> —Salmo 92:12 (PDT)

Parte IV

CONTINUAR

"Un río pasa a través de una roca, no por su fuerza,
sino por su persistencia".
—Jim Watkins

15

NO TE CONFORMES CON LOS PRIMEROS FRUTOS

Mantenernos en el tiempo siempre será el desafío. ¿Cómo hacemos para sostenernos en el tiempo y mantener buenos resultados? La confiabilidad es el fundamento básico. Cuando somos confiables, seguimos siendo una oportunidad para los demás.

¿Qué nos hace confiables ante los demás? La consistencia en nuestros actos, la constancia en nuestros resultados al pasar del tiempo, la evidencia de que estamos comprometidos con nuestra visión. Cuando respaldamos nuestras palabras con acciones y tenemos respuestas claras y veraces ante las preguntas, somos confiables.

Existe una generación que logró cosas sorprendentes en sus inicios. Logró tener éxito, crecieron, dieron grandes resultados, pero por una u otra razón llegaron hasta ahí, y es esta generación a la que yo llamo "generación de los primeros frutos". Esta generación se quedó ahí, y hoy viven de victorias pasadas. Sus motivaciones, conversaciones y alegrías se quedaron en el ayer y hoy se mantienen vivos por los recuerdos de sus grandes victorias. Celebro con ellos sus victorias pasadas, pero creo que debemos ir por mejores victorias futuras.

No nos podemos quedar con la gloria del ayer; mientras haya vida, hay oportunidades. Esa oportunidad debe continuar, debe seguir creciendo, germinando y dando muchos frutos más. Recuerda que fuimos creados con la capacidad de multiplicar y fructificar. No podemos quedarnos en nuestras primeras cosechas. Esta verdad nos debe impulsar a continuar.

En una ocasión Jesús les habló esta verdad a sus discípulos: *Ustedes no me escogieron a mí, sino que yo los he escogido a ustedes y les he encargado que vayan y den mucho fruto, y que ese fruto permanezca. Así el Padre les dará todo lo que le pidan en mi nombre* (Juan 15:16).

Es necesario entender que hay una asignación que hemos recibido y que no nos hemos adjudicado nosotros mismos: Jesús nos eligió con propósito. No somos personas que vivimos por un golpe de suerte, que de repente logramos algo y nos quedamos sumergidos en la duda de si se repetirá. Todo lo contrario. Somos gente con un propósito que fuimos llamados por nuestro Creador y Padre para dar fruto. Por favor, este es un pensamiento naturalmente correcto dentro de una sana paternidad.

Los que somos padres sabemos que nuestro deseo es ver a nuestros hijos creciendo en la vida y logrando todo lo que puedan. Ningún padre en su sano juicio le dirá a su hijo: "Ya lograste tus primeros frutos, tu primer emprendimiento, tu primer hijo, tu primera medalla, tu primer trabajo, tu primer auto… ya quédate ahí. ¡Hijo, lo mejor es que pares!". Nunca haría eso sino que lo animaría a continuar con su emprendimiento, a nuevos contratos, o con su deporte y a ganar nuevas medallas. Así es el pensamiento de Dios nuestro Padre para nosotros.

¡Nos ha puesto como ramas para que demos mucho fruto! ¿Qué somos nosotros? Ramas. No nos llamó árboles, sino ramas. Las ramas pueden crecer mucho, pero son parte de un mismo árbol. Es entender que en la vida no fuimos puestos para ir solos, sino dentro de una misma familia, de un mismo árbol del cual todos nos podemos alimentar. Él es el árbol de vida, Jesús.

En el año 1830 Europa vivió la mayor crisis en sus viñedos, que puso en riesgo el cultivo de toda la vid en el Viejo continente. Esta es la historia de un pequeño emigrante americano que casi acaba con toda la producción de vino. Se trata de un insecto parecido al pulgón, de color amarillento, que ataca las hojas y los filamentos de las raíces de la vid, se multiplica con rapidez y hace que se formen plagas que llegan a destruir con el tiempo grandes zonas de viñedos. Es la filoxera.

De una forma paulatina empezó a arrasar con los viñedos en Francia, luego en el resto de Europa, y terminó afectando plantaciones enteras en todo el mundo. Se le conoció como un parásito imparable. A los científicos les tomó años de investigación hasta lograr controlar la plaga. Por muchos años dejó a los viñedos solo en sus primeros frutos y después de eso llegaron a su fin, pues la filoxera tiene la característica de ser imperceptible los primeros años. Pero más adelante cuando se poda el pámpano, este insecto llega hasta la raíz y bloquea la corriente de la sábila, con lo que la planta llega a su fin.

Pareciera que la humanidad también es afectada por esta misma plaga. Porque muchos llegan hasta sus primeras conquistas y nada más. La cantidad de personas que lograron hacer crecer algo, pero no supieron mantenerlo, es muy alta, eso es alarmante. No se trata del primer éxito, sino de un éxito constante.

En la historia del pueblo de Israel, después de ser liberados del cautiverio de Egipto a través de su libertador Moisés, los israelitas emprendieron camino hacia una promesa, una tierra próspera, una tierra bendecida. Después de varios años de cruzar el desierto, estando a las puertas de tomar posesión de la tierra, Moisés mandó un grupo de avanzada a que revisaran la tierra y vieran cómo son sus habitantes y que trajeran los frutos de ella. Era el tiempo de las primeras cosechas.

Después de 40 días de travesía, el equipo de avanzada regresó y dieron un informe, mostraron los primeros frutos de las cosechas. Todos se alegraron hasta que, de los 12 príncipes del equipo, 10 empezaron a hablar muy mal de la experiencia que vivieron allá. Pareciera que en el camino algo les pasó, como si hubieran sido infectados por algún pulgón que chupó toda la sábila dejando muy débil a la planta. Ellos, asustados por la gente fuerte que en esa tierra vivía, decidieron sobre una experiencia antes que sobre una promesa.

Habían avanzado 40 años en el desierto, esforzándose por llegar a su promesa, pero prefirieron cambiar 40 años de esfuerzo por 40 días de miedo. Y es que muchas veces en la temporada de nuestros primeros frutos, de nuestros primeros logros, vivimos experiencias no tan agradables, pero cuya intención real es formarnos, de modo que, si no estamos enfocados, podrían deformarnos.

De los 12 del equipo, 10 fueron infectados por esta plaga. Los otros dos se levantaron y dijeron: "Vamos, apoderémonos de esa tierra, con seguridad la conquistaremos". Esta es una cifra alarmante, pero no muy lejana de la realidad: 10 de cada 12 se quedan en los primeros frutos. Son más lo que se quedan en un primer crecimiento que no logran continuar. Tristemente, todas estas personas que se sumaron al pensamiento de estos 10 se quedaron únicamente en el sabor de los primeros frutos y no lograron continuar hasta la tierra prometida.

Aquí nos encontramos con dos generaciones, la generación de los primeros frutos, que finalmente no heredaron la tierra, y la generación de mucho fruto, que poseyeron la tierra y marcaron el camino para la próxima generación. ¿De cuál generación serás tú? ¿La generación que vio abrirse el Mar Rojo para entrar en el desierto y morir ahí, o la generación que vio el río Jordán abrirse para entrar a conquistar la tierra de la promesa?

Podrás tener muchas razones para no continuar, y algunas sonarán muy lógicas, pero si vas a continuar con la lectura te darás cuenta de que haré todo lo necesario para que retomes y te vuelvas como un Josué y un Caleb, aquellos dos valientes que de entre los doce sobresalieron y continuaron con la misión que durante 40 años todos tenían. No se quedaron con la gloria de los primeros frutos, sino que decidieron continuar.

En esta última sección del libro te impulsaré a salir de tu zona de confort que encontraste después de vivir tus grandes logros, historias pasadas, para decidir levantarte a creer por un nuevo tiempo. Es tu hora de continuar, de avanzar, de creer por más.

16

LA SOCIA DEL CIELO: INDISPENSABLE PARA CONTINUAR

Yo fui lo primero que hizo Dios,
hace mucho tiempo antes del comienzo de todo.
Me formó en la antigüedad más lejana,
antes de que el mundo fuera creado.
Nací antes de que existieran los océanos
y las fuentes de abundantes aguas.
Nací antes de que fueran formadas las montañas;
antes de que nacieran las colinas;
antes de que él creara la tierra y los campos,
el polvo inicial con el que hizo el mundo.
Yo estaba allí cuando él estableció los cielos;
cuando dibujó el horizonte y puso límites a los océanos.
Nací antes de que él colocara las nubes en el cielo
y reforzara las fuentes del profundo océano.

Cuando le puso límites al agua en los mares,
los cuales no pueden rebasar;
cuando sentó las bases de la tierra,
estaba yo allí, a su lado, como hábil trabajador;
lo hice sentirse feliz todo el tiempo. Se sentía muy feliz
por el mundo que había creado; estaba feliz por la
humanidad que colocó allí.
—Proverbios 8:22-31, PDT

¿**N**o te da curiosidad al leer estas líneas respecto de quién se estará hablando? ¿Quién estuvo desde el principio con Dios a su lado, quién se volvió un fiel colaborador de Dios? Estas líneas que acabas de leer son expresadas por quien yo llamo la socia del cielo. Dios mismo la creó desde mucho tiempo atrás y ha sido testigo de la formación del universo. Vio dibujar la línea del horizonte, estuvo ahí cuando al océano le pusieron sus límites, se la reconoció como una excelente colaboradora y mantuvo feliz al Creador. Entonces, ¿quién es?, seguro me preguntarás. ¿A quién tuvo Dios a su lado desde el principio? Ella es la *sabiduría*.

La sabiduría es un regalo que se nos ha dado a todos los seres humanos. La sabiduría clama en las calles, alza su voz en las plazas, clama en los principales lugares de reunión, en las entradas de las puertas de la ciudad. Pero la realidad es esta: que clame no significa que le respondan; que esté ahí no significa que le pongan atención.

¿No te ha pasado que llamas a una persona repetidas veces y esta no te responde, pero sabes que sí te oye?

Así está la sabiduría muchas veces, tocando a la puerta de nuestras experiencias, pero sin respuesta de nuestra parte. Que sea un regalo no significa que la estemos usando. ¿Cuántas veces te han obsequiado algo que al principio quedó a un lado porque no le diste importancia, hasta un momento en particular que cobra sentido y valor para ti, y entonces empiezas a usar ese presente?

Por ejemplo, yo siempre he tenido algo muy útil en mi baño que siempre me lo han regalado, pero que no había usado porque no le había dado la importancia necesaria. Mi suegra siempre me ha regalado cremas para la cara (no sé cuál era su mensaje con ello), pero mi respuesta (que de cierta forma era ahora entiendo que yo era algo necio) era: "Yo no necesito eso, estoy joven y soy hombre. Los hombres no usamos cremas".

Sin embargo, esas cremas siempre han estado en el mesón de mi lavamanos en el baño. Quien pasara por ahí diría: "Mira cómo se cuida la cara". ¡Pero no era cierto, que estuviera ese regalo ahí no significaba que lo estaba usando! Ha pasado el tiempo, y habiendo cumplido mis 40 años, justo en el año de la publicación de este mi primer libro, empecé a hacer conciencia de mi necesidad de usar aquel regalo. Entendí que al ser de tez blanca debo proteger mi piel del sol durante el día, e hidratarla por las noches. ¿Qué tal? Aprendí la lección. Aunque no me es cómodo, no estoy acostumbrado y a veces lo olvido, cuando uso las cremas de verdad que siento una diferencia.

Así es la sabiduría. Es ese regalo dado por Dios que está ahí, en las puertas de toda reunión, en las calles, en tu casa, pero que no significa nada hasta que la uses. La diferencia se notará en el momento que la empieces a usar. Te darás cuenta de que usarla nos hace bien y lucir muy bien.

> *Ahora, hijos, escúchenme:*
> *afortunados los que siguen mis caminos.*
> *Escuchen mi enseñanza y sean sabios;*
> *no le resten importancia.*
> *Afortunado el que me escucha,*
> *el que se presenta a mi puerta diariamente,*
> *esperando a la entrada de mi habitación.*
> *Porque el que me encuentra, encuentra la vida,*
> *y se gana la buena voluntad del SEÑOR.*
> *Pero el que me rechaza, se hace daño a sí mismo.*
> *El que me odia, ama la muerte.*
> —Proverbios 8:32-36, PDT

Ella quiere trabajar con nosotros. De la misma forma que fue un fiel colaborador de Dios, lo quiere hacer contigo. Pero debemos buscarla, llegar a la puerta de su habitación diariamente y encontrar su consejo. El que la encuentra hallará lo que todos quieren y buscan constantemente: ¡vida! Todos quiere vivir, ¡y vivir bien! Encontrar la sabiduría es la oportunidad de vivir, pero rechazarla traerá daños colaterales, porque nos hacemos daño a nosotros mismos. Y más aún, despreciarla se convierte en muerte para nosotros.

Si por un momento lo miras a tu alrededor en el diario vivir, te darás cuenta de cómo cada día estamos expuestos a tomar decisiones, unas más importantes, otras más ligeras, pero todas van trazando nuestros próximos días.

CUANDO NUESTRA FUERZA DESPLAZA LA SABIDURÍA, PONEMOS EN RIESGO NUESTRO CRECIMIENTO.

Cuántas personas van de mal en peor, no logran atinar a una buena decisión y pasan de desgracia en desgracia. Estas son decisiones tomadas sin consultar a quien aquí llamamos la socia del cielo. Debemos mantener una estrecha relación con ella, con la sabiduría; no nos conviene pelearnos con ella.

Lo que sucede es que cuando ya crecimos, nos volvemos grandes y nuestros emprendimientos crecen, caemos en la tentación de confiar en nuestra propia fuerza. Ya tenemos adónde mirar y agarrarnos para decir: "Lo hemos logrado". Es aquí donde ponemos todo en peligro porque empezamos a desplazar a la sabiduría con lo que todo creció, y pensamos que se trata únicamente de nuestra fuerza. Cuando nuestra fuerza desplaza la sabiduría, ponemos en riesgo nuestro crecimiento. Es ahí cuando al olvidarnos de la sabiduría caemos en la necedad, y entonces ella se ríe de nosotros.

CUANDO ELLA SE RÍE DE TI

Yo los llamé, pero ustedes no me atendieron;
les ofrecí mi mano, pero no me hicieron caso.
Ustedes rechazaron mis consejos,
se negaron a aceptar mi corrección.
Por eso también yo me reiré de ustedes cuando les
lleguen las dificultades;
disfrutaré viéndolos todos atemorizados,
cuando les llegue como una tormenta lo que tanto
temen,
y la desgracia los agarre como un torbellino.
Entonces me llamarán, pero yo no responderé.
Me buscarán al amanecer, pero no me encontrarán;
porque odiaron el conocimiento,

se negaron a respetar al SEÑOR.
No quisieron escuchar mis consejos
y no hicieron caso a mis correcciones,
así que tendrán que comer del fruto de sus acciones
y quedar hartos de sus propias maquinaciones.
—Proverbios 1:24-31, PDT

La sabiduría siempre va a estar ahí, tocando nuestras puertas, esperando ser atendida y escuchada, pero está en nosotros atender a ese llamado. Darle la espalda a la sabiduría no es buen negocio; negarse a aceptar la corrección y rechazar sus consejos no es lo aconsejable. Porque lejos de ella, llegará a nuestro camino la calamidad que tememos. Entonces la sabiduría se reirá de nosotros, y llegará un momento que decidiremos volver a buscarla, pero ya podría ser tarde. Podemos llegar a olvidar y hasta detestar el conocimiento que nos brinda y negarnos a respetar al Señor. Podemos llegar a terminar viviendo de las consecuencias de nuestros actos, cansados y frustrados de nuestros propios pensamientos.

17

MÁS VALE MAÑA QUE FUERZA

Aunque *la gente se fije más en la pobreza del sabio que en la sabiduría de sus palabras, yo sigo pensando que «más vale maña que fuerza», pues se oyen mejor las suaves palabras de los sabios que los gritos del más grande de los tontos* (Eclesiastés 9:16-17, TLA). Estas son las palabras de un hombre a quien la historia conoció como el hombre más sabio, el rey Salomón. Fue conocido por su administración impecable, la expansión del comercio, la multiplicación de sus riquezas y la construcción del primer templo.

Estas líneas no fueron escritas por algún resentido social que no logró alcanzar nada en la vida, sino por este rey que de verdad logró cosas y que hoy nos hace reflexionar, trayendo este dicho hasta nuestros días: "Más vale maña que fuerza".

Lo común es poner nuestros ojos en los recursos. Queremos juzgar o reconocer a las personas por los recursos que tienen o la falta de ellos. Los recursos son señal de poder, de fuerza. Dicen por ahí que quien tiene, es el que manda. Pero Salomón nos invita a fijarnos en algo mayor que la fuerza de un recurso, algo que suena mejor que los gritos que intentan mostrar autoridad.

Permíteme contarte esta historia. Había un pueblo pequeño con pocos habitantes. De repente, vino un rey muy poderoso y sitió con sus ejércitos a ese pueblo. Pero allí había un sabio que era pobre, pero usó su inteligencia para salvar al pueblo. Sin embargo, una vez acabado todo, se olvidaron del sabio pobre.

Solemos pensar que las oportunidades solo son para los que tienen fuerza y poder. Al ver ese pequeño pueblo frente a este gran rey, lo común sería pensar que ya están derrotados, porque ellos son pocos frente a un ejército lleno de gente y mucho armamento. La realidad es que así viven muchos, pensando en que lo que hace al hombre es la fuerza o el poder que tenga. Esta es la razón por la que nos pasamos completamente enfocados en conseguir fuerza y poder.

Pero con esta historia aprendemos algo.

En ese pequeño pueblo había un hombre con algo más que la fuerza. Tenía sabiduría. Al usarla, logró salvar a su gente. Hizo uso de la inteligencia. ¡Hay algo más grande que la fuerza y es la sabiduría! Una buena maña, sin duda, es la sabiduría. Hay decisiones, hay estrategias, consejos que no necesitan más fuerza, sino inteligencia. Y la inteligencia no se mide en la fuerza, sino en la sabiduría. Aunque en esta historia el pueblo obtuvo la victoria, tuvo un triste final, y es que olvidaron pronto al sabio pobre.

Podría ser que un día tuvimos un encuentro con la sabiduría; podría ser que con ella tuvimos grandes victorias; pero la realidad de hoy podría ser que ya lo olvidamos. Podría ser que estamos descansando en la fuerza que nos han dado nuestros logros, nuestro crecimiento. Pero hoy podemos aprender que para dar continuidad a lo que hoy tenemos que ha crecido, no podemos seguir confiando en nuestra fuerza, sino utilizar la maña, o mejor dicho la sabiduría, porque mejor es la maña que la fuerza.

Te quiero animar a retomar tu camino de la mano de la sabiduría. Con todo lo que te he compartido en este libro, espero despertar el deseo de caminar o volver a caminar en sabiduría.

Al conocer que ella fue creada por Dios nos es más fácil comprender su principio. *El principio de la sabiduría es el temor a Dios.* Ella gira alrededor de lo que para Dios es correcto. Lo sabio se desprende de este principio, un principio de respeto a Dios. Por tanto, lo sabio siempre será saber si lo que hago o digo respeta a Dios; y entender que lo necio sería algo que le falte al respeto a Dios. ¡De este principio parte todo!

Un último ejemplo muy sencillo. Si quieres actuar bien frente a una persona, actuar con sabiduría, lo que menos pensarías hacer con tus actos es faltarle el respeto. Con eso no conseguirás nunca nada bueno. Si quieres ser sabio con tu esposa, no le vas a decir cosas que la hieran o la pongan de mal genio sino todo lo contrario, harás lo necesario para que se sienta amada y respetada. Créeme que a partir de aquí todo fluirá mejor entre ustedes y para ustedes.

De la misma manera sería con el dueño y creador del Universo. Vivir en lo que Él creó con tanto amor y dedicación para nosotros nos debe llevar a vivir una vida que le muestre respeto. Vivir haciendo lo contrario manda al cielo una señal de necedad, de irrespeto, que lo único que causa es un daño a nosotros mismos.

¿Quién mejor que la sabiduría para aprender a darle continuidad a nuestras vidas, familias y proyectos? Ella estuvo presente cuando Dios dio creó el universo, y lo hizo de tal forma que todo tenga una continuidad perfecta para dar vida a tantos de generación en generación.

ES TIEMPO DE PEDIR SABIDURÍA

Y si alguno de vosotros tiene falta de sabiduría, pídala a Dios, el cual da a todos abundantemente y sin reproche, y le será dada. (Santiago 1:5)

Mas allá de la etapa que estés viviendo, siempre será bueno caminar con la sabiduría. Por eso te invito a pedir sabiduría. La sabiduría es para todos, para quienes han acertado como para los que se han equivocado. No se trata de quién la merezca, sino de quien la pida. ¡Pide a Dios sabiduría y Él te la dará! A lo mejor hoy tienes en tus manos algo que creció, pero que ahora está estancado.

Podría ser una relación estancada. Por ejemplo, una relación matrimonial después de haber crecido tantos años se puede sentir que ya no avanza más. O podría ser la empresa, que después de tanto tiempo ya no avanza más, ya no crece, sino que decrece. Podría ser tu realidad como persona; te sientes estancado sin avanzar a ningún lugar, sientes que todo lo que has logrado hoy ya no tiene sentido. Entonces, mi querido lector, hoy es tu día de pedir a Dios sabiduría.

Fíjate que este versículo habla de que Él nos la dará sin reproche. Dios es muy diferente a nosotros, que después de dar las cosas y ver que no las aprovechan nos llenamos de coraje, y cuando las personas regresan a pedir nuevamente, podríamos aceptar darles, pero damos con reproche, sacando en cara, dando de mala gana. ¡Dios no es así! Al que le pide, Él da sin reproche.

Podría ser que pediste antes y no lo usaste bien, no tomaste el consejo y te apartaste. Pero para Dios hoy es un nuevo día, su misericordia es nueva, y te está esperando para que lo que pidas con fe, ¡Él te lo dé en abundancia y sin reprochar! ¡Sorprendentemente, así es Dios!

Para terminar, un último pensamiento: *La sabiduría hace más fáciles los trabajos. Es muy difícil cortar con un hacha sin filo, pero si se le saca filo, el trabajo es más fácil. Las cosas se hacen bien si se hacen con sabiduría* (Eclesiastés 10:10, PDT).

Hoy lo que necesitas es sacarle filo a tu hacha. A la hora de crecer y avanzar, naturalmente se nos va a gastar el filo, por lo que seguir haciéndolo igual es una necedad. Lo sabio hoy es afilar tu hacha y con esto me refiero a utilizar la sabiduría que necesitas. Ya no estés golpeando con la misma fuerza de antes, porque sin filo —sin sabiduría— no tiene sentido usar la fuerza. Te darás cuenta de que puedes continuar llevando a cabo lo que haces en la medida que aceptes el consejo sabio que te llevará muy lejos.

¡PIDE A DIOS SABIDURÍA Y ÉL TE LA DARÁ!

EPÍLOGO:
EL LEGADO TRASCIENDE LA CONTINUIDAD

Lo que hacemos en la vida puede llegar a trascender generaciones. Cuando te hablo de continuar, me refiero a ir más allá de lo que has logrado y lo que podrías alcanzar. Que lo que creció y se mantuvo en el tiempo en tus manos pueda pasar a alguien más. Se trata de que aquello en lo que creíste, creaste, hiciste crecer y le diste continuidad a través de tus capacidades y la dirección de Dios, pase a manos de una siguiente generación o de próximas generaciones, que pueden incluir a los hijos, o equipos de trabajo, ministerios, y todos aquellos que puedan recibir la influencia de lo que hiciste, conforme al propósito que estás cumpliendo.

Es muy alta la cifra de logros cuyo alcance podría perderse con el tiempo, si no cuidamos su posible trascendencia y no prevemos las aportaciones que podemos dejar tras nosotros, sus creadores. Muchas veces estamos tan enfocados en levantar nuestros sueños, que luego que les damos vida y los sostenemos, no nos damos el tiempo para pensar en cómo darles una mayor continuidad. Vivimos sumergidos en un mundo lleno de afán y logros propios que nos ciegan y no nos permiten estar atentos a esta realidad. ¡Lo que formamos solo continuará y trascenderá si pasa a manos de alguien más! La esencia, la visión, el ADN, el cómo se hicieron las cosas debe ser transmitido. Ese es el legado.

Se define la palabra "legado" como la transmisión de un conjunto de bienes materiales o patrimonio que aportan a las generaciones actuales y futuras. Se entiende como una planificación personal de lo que quieres dejar a las personas más importantes para ti. Todos heredamos un legado y todos vamos a dejar un legado; cada uno de los seres humanos de este planeta vive con esta realidad. La pregunta es: ¿qué clase de legado llevas en tus hombros y qué clase de legado dejarías a tus hijos, a tus colaboradores, incluso a tus amigos y personas cercanas?

Gran parte de lo que somos es lo que nuestros padres nos sembraron, eso es parte de su legado en nuestras vidas. No podemos pensar en un legado únicamente cuando ya no estemos en esta tierra, porque cada día, con nuestras acciones, transferimos un legado a quienes nos rodean. Provengo de una familia de cinco varones. Somos cuatro hermanos más un papá, y la única mujer en la casa siempre fue mi mamá. Para quienes han vivido esta realidad saben de lo que les estoy hablando. Todas las películas que veíamos eran de acción y armas de fuego. Nuestros juguetes era carros, soldados, patinetas y bicicletas. En nuestro mundo mi papá, como en cada hogar de la década de los noventa, era la imagen del superhéroe. Cada hombre desde niño juega a ser un superhéroe. Creo que nacemos con esa necesidad de convertirnos en héroes en donde nos movemos, y ganar cada batalla que la vida nos ponga por delante. Para mí, mi papá era mi héroe; admiraba su ímpetu y cómo se lanzaba a la aventura que viniera a la mano, algo que aún tengo como su legado en mí.

"¡Salta!", me decía parados juntos frente al mar en un peñasco alto. Una vez más: "¡Salta, Carlos!", así me decía mi papá con voz firme mientras yo estaba en el peñasco que me parecía de mil metros de altura, pero en la realidad no era tan alto. ¿Te ha pasado que cuando eras niño veías todo en otra dimensión enorme? Luego, al paso del tiempo regresas a la casa de tus padres y ese refrigerador que parecía inmenso, no es realmente tan grande. Eso me pasaba a mí. Confieso que a mi corta edad era un niño muy temeroso, y el llanto era algo común en mí.

Papá me enseñó a ser valiente de una u otra forma o, mejor dicho, a su manera, pero finalmente aprendí. Con él hacíamos las cosas más allá de lo común, por ejemplo, el uso del patín o la patineta. No solo aprendimos a usarlos de una forma individual, como todos los usan. ¡Con mi papá hacíamos catamarán!, que era juntar paralelamente dos patinetas, cada persona en una; poníamos las piernas del otro al frente como haciendo una cama, para que otros dos se sentaran sobre esa cama. Si quedaba todavía espacio en la patineta, alguien iba parado en ella.

Con esa figura que parecía de circo, nos lanzábamos de las colinas cerca de la casa; el juego consistía en hacer carrera con otro equipo igual, entre la velocidad y la audacia de virar durante las curvas, cuidando que las dos patinetas no se separaran o terminaríamos todos en el piso. ¡Era de terror!, pero poco a poco aprendí a disfrutarlo.

Papá me sacaba los dientes de forma poco común. Sacaba un alicate de su caja de herramientas y me decía: "Ven mijito, no lo vas ni a sentir". Con él aprendí a nadar en mar abierto, a ir sobre las olas sin temor, a bucear, navegar en velero, a manejar moto y carros desde mis 9 años, a andar en bicicleta, ¡a correr velozmente para que no me atraparan!

"¡No seas flojo, vamos, que puedes!", así me dijo ese día frente a aquel peñasco. Recuerdo que con miedo y todo me lancé. Así aprendí un legado de valor que me ha llevado a seguir saltando hoy en día ante los peñascos de fe que Dios me ha puesto por delante. Y aquí estoy otra vez en este nuevo reto, frente a ustedes, valientemente escribiendo cada frase con pasión y mucho amor. Gracias, papá.

Todos tenemos un legado positivo que debemos tomar, acrecentar y dar a las demás generaciones. Tal vez esta palabra "¡Salta!" es el impulso que debes tomar para ver más allá del afán y entonces abrir tus ojos a la realidad, de que en medio del mundo acelerado que llevamos, estamos formando un legado que al mismo tiempo hoy vamos entregando a los nuestros.

Como flechas en la mano del valiente, así son los hijos que se tienen en la juventud (Salmos 127:4, RVA-2015). El autor de este salmo, el rey Salomón, nos llama a los padres "valientes". Los hijos son como flechas en manos de los padres. Esta es la razón por la que los padres debemos ser valientes y lanzar nuestras flechas en la mejor dirección posible. Este verso nos demuestra la responsabilidad de una primera generación de entregar dirección, impulso a una próxima generación. Esto es legado. Para esto se debe tener primero un arco sobre el cual se pueda lanzar una flecha.

La generación presente debe trabajar y esforzarse por tener esa plataforma, ese buen arco profesional, de buen material, consistente, ¡que resista! Pero un arco sin flechas no logra una gloria mayor. El valiente arquero necesita de flechas para lograr ir más allá de solo tener un buen arco. Es más, el buen arquero se demuestra en el lanzamiento de sus flechas. La vida no consiste en tener un buen arco que nos haga lucir bien, profesionales y de un alto nivel; mayor reconocimiento y alcance tendrás en el momento que lances tus flechas. Si miras a tu alrededor, seguro tendrás esa nueva generación, esos nuevos miembros del equipo, esas buenas flechas a las que podrás dar dirección.

CUIDAR EL LEGADO GENERACIONAL

Salomón recibió un gran legado de su padre David. Al final de los días de su padre, le dijo: *Yo sigo el camino de todos en la tierra, esfuérzate y sé hombre* (1 Reyes 2:2). La vida de este joven rey pronto se volvió una vida llena de aciertos, triunfos y avances muy significativos en su reinado. La historia cuenta un momento crucial en su vida, cuando Dios se le aparece una noche y le dice: *Pídeme lo que quieras que yo te dé* (2 Crónicas 1:7) La respuesta del joven rey fue: *Entonces ahora, SEÑOR Dios, cumple la promesa que le hiciste a mi papá David porque tú me hiciste rey sobre una nación tan numerosa como el polvo de la tierra. Dame ahora la sabiduría y el conocimiento necesarios para gobernar a este pueblo* (2 Crónicas 1:9-10, PDT).

Salomón expresa su decisión de continuar con las promesas que tenía su padre y pide sabiduría para cumplir con ese legado de ser rey. Asombra a Dios que Salomón no pide lo que comúnmente piden todos: riquezas, bienes o gloria, incluso la vida de los enemigos. Entonces Dios le concede lo que pidió, más todo lo que no había pedido. Salomón se vuelve un rey sabio y próspero.

Veamos qué pasó con ese legado increíble que tenía Salomón. ¿Lo pudo compartir, lo pudo pasar a la siguiente generación? A su edad avanzada llegó a decir: *Yo me volví otra vez, y vi vanidad debajo del sol. Está un hombre solo y sin sucesor, que no tiene hijo ni hermano; pero nunca cesa de trabajar, ni sus ojos se sacian de sus riquezas, ni se pregunta: ¿Para quién trabajo yo, y defraudo mi alma del bien? También esto es vanidad, y duro trabajo* (Eclesiastés 4:7-8).

Salomón se dio cuenta de que tener todo tipo de riqueza y bien en este mundo jamás cambiaría la realidad de sentirse solo por no tener un sucesor. Y no es que no tuviera hijos, es que no logró conectarlos con su legado, como su padre David había logrado hacer con él. Llegó a entender que era algo vano (que hoy es y mañana no) nunca parar de trabajar y solo tener los ojos puestos en la riqueza material si no tenía un sucesor, quien continuara con todo lo que con duro trabajo logró debajo del sol.

Es correcto que nos esforcemos y que trabajemos duro, pero sin quitar de nuestro camino el ir formando a otros, entregar el legado, modelando un camino a quienes le darán continuidad a lo que con esfuerzo alcanzamos hoy. El hijo que continuó con el reinado no fue el sucesor, y el reinado sufrió una abrupta división y una lamentable decadencia progresiva.

TE ANIMO A CONTINUAR

Este es un buen tiempo para reflexionar y mirar nuestra realidad. Hoy podemos tomar decisiones importantes que le den continuidad a lo que con esfuerzo hemos logrado levantar. Permíteme compartirte una historia más de alguien que no tuvo hijos, pero en su liderazgo no solamente fue un héroe para sus compañeros más cercanos, sino también para millones de personas a lo largo del tiempo. Es alguien que en pocos años dejó un legado que aún está vivo hasta nuestros días y sigue de generación en generación.

Empezó con unos pocos y hoy somos miles bajo este legado, que está encendido en tantos corazones. Fue un grupo de hombres a quienes se les conoció como sus primeros discípulos (aprendices). Eran hombres imperfectos, pero con un deseo de aprender de su Maestro. Se equivocaron, pero su líder estuvo ahí para levantarlos y formarlos.

Pedro, un hombre de fuerza y valor, de fuertes convicciones, un día frente a una fuerte presión llegó a traicionar a su Maestro al negar en tres ocasiones que lo conocía. Pero hay una paternidad más fuerte que el error, un amor que perdona la traición y da una nueva oportunidad con su Señor.

Es Jesús, aquel que entregó su vida por ellos tres años para, día con día, marcar un legado sobre el cual se levantaría lo que hoy conocemos como la Iglesia. Fue Pedro que, después de que Jesús no estaba más con ellos, se levantó, y en su primer discurso llegó a la vida de miles de personas con quienes nació lo que se conoce en la historia como la primera iglesia.

Podrías estar leyendo estas líneas y verte reflejado en que también te han traicionado, o que fuiste tú quien le falló a la autoridad. Pero todos merecemos una oportunidad más. No te encierres en el dolor de una traición ni en la soledad de un error. Levántate más allá de la situación y cambia tu destino hoy. Darte a ti mismo la oportunidad de continuar en la vida es la mejor decisión que puedes tomar hoy.

Ese mismo líder que tuvo Pedro, es el mismo líder que tiene quien te escribe. Es el mismo líder que se puede volver también tu Maestro de la vida. Ese líder es Jesús. A Él no le espantan los errores ni lo aleja nuestra vergüenza. Un día llegó al encuentro de Pedro otra vez, aun cuando Pedro pensó que nada bueno volvería a pasarle. Jesús llegó a su encuentro, y nuevamente platicó con él y lo reinsertó cuando le dio el propósito de su vida, un legado muy personal a Pedro tan vivo como para continuar.

Permite a Jesús acercarse a tu vida. Lo hizo con Pedro, lo hizo conmigo, créeme, también lo quiere hacer contigo. Él es el camino, la verdad y la vida, quien lo encuentra a Él, lo tiene todo. Hay un legado que cumplir, hay un legado que dejar. Debemos asegurarnos de que así ocurra. Sin importar la falta que pudiera suceder, aún hay tiempo para enmendar. Creíste, creaste, creciste. ¡Hoy te animo a continuar!

Pero el consejo del SEÑOR sigue en pie para siempre.
Sus planes bondadosos continuarán realizándose de
generación en generación.
—Salmos 33:11 (PDT)

ACERCA DEL AUTOR

Carlos Villacrés es actualmente uno de los líderes cristianos más influyentes del Ecuador. Sus mensajes son vistos y escuchados por miles de personas en conferencias y predicaciones, así como en programas de televisión abierta y plataformas digitales.

Desde siempre, su pasión ha sido difundir un mensaje de esperanza en Jesús que transforme los corazones de los jóvenes y las familias, a través de un diálogo inspirador y de crecimiento personal.

En 2009, junto a su esposa Carla, fundó Casa de Fe, una de las iglesias de mayor expansión en Ecuador. Es también empresario y su interés por la ayuda social dio vida a la Fundación Cuentan con Nosotros, que atiende las necesidades de los sectores más vulnerables del país, especialmente en Guayaquil, ciudad en donde reside junto a su esposa y sus cuatro hijos.